撮影:相澤 實

狂言を生きる

第三章　万作狂言名作選

第一章　狂言の家

野村の家

能と狂言は六百年の歴史を持つ日本の伝統芸能で、平成二十（二〇〇八）年にユネスコによる無形文化遺産に登録されました。能は謡と舞を中心にした歌舞劇、狂言は台詞と仕草を主とし、観客の笑いを誘う台詞劇で、喜劇的な内容の作品が多くあります。皆様はこの程度のことは御存知であろうかと思います。

私はその狂言の家に生まれました。

私の家はもとを辿れば金沢で、初代の万蔵は江戸時代の中ごろ、享保七（一七二二）年に生まれ、酒造業を営む家の次男でしたが、前田の殿様から認められたのでしょう、前田藩お抱えの町役者として狂言の家を創始しました。幼い時から三宅藤九郎（三世）に師事したようです。

五代目の万造（初世萬斎）は、私が子供のころ習った祖父で、幼名を良吉と言い、文久二（一八六二）年の生まれです。父を子供の時に亡くし、また明治維新によって禄を離れたためいろいろの仕事をしながら狂言を続けてきたようで、明治十五（一八八二）年には若くして一子相伝と言われる『狸腹《たぬきのはら》鼓《つづみ》』(P.93)を勤めています。明治十七（一八八四）年に東京に移住しましたが師と頼む分家の野村与作との仲がしっくりせず、また在京の和泉流の演者と協調できず、随分と苦労を重ねたようです。

その長男、父・六世万蔵は自由な発想の人で、歳の上下などは無視し、芸に熱心な者を愛する人で

巣鴨自宅前　前列右から父（六世 万蔵）、万作、祖母、兄、祖父（初世 萬斎）、後列左から母、叔父（九世 三宅藤九郎）　昭和8（1933）年頃

した。その人柄は、戦災で家を焼かれた唯一の狂言師としての失意、政治的な行動を好まぬ淡白な性格からくるのであろうと思います。父は『狂言の道』という本を出し、初めて秘曲『釣狐《つりぎつね》』（P.60）の習い事を明らかにしたのですが、「芸の詳細を外に出しては困る」と異議を唱えたのは、父の弟、叔父の三宅藤九郎でした。習い事とは、一曲の中で型、演出などを特に伝授する秘事、口伝です。

叔父がまだ若い家元の後見として流儀の人を集め、各家の台本を一つに統一しようと提案したことがありました。

私は二十代の生意気盛りのころで反対をしました。各家に独特の台本があるのは多彩で素晴らしいことだと。結局統一は実現しませんでしたが、しかし今は派の意識が強すぎてかえって困る、これは隆盛のための歪みでしょう。

私は五人兄弟の次男として生まれました。長男は一歳上の太良（万之丞、現・萬）、次男は二朗の私、三男の三郎は幼児で亡くなり、長女・華子、四男が観世流シテ方（※）の四郎、五男が悟郎の万之介です。

戦後、兄は、今の東京藝術大学の前身、東京音楽学校の邦楽科で謡曲を専攻しました。狂言だけでは生活が不安なころで、謡の先生の資格を取ればとの親の思いもあったでしょう。若い時は、父を三角形の頂点として兄弟で共に支え、狂言の普及活動に努めました。四郎も始めは狂言をやっていましたが、父の勧めで先代の観世宗家の内弟子に入りシテ方となり、平成二十八（二〇一六）年には人間国宝になりました。末弟の万之介は狂言の道に進む意識を持ったのが比較的遅かったので、父が亡くなる時、一番気にかけていました。父から『三番叟《さんばそう》』（P.55）をしごかれているＮＨＫのドキュメンタリーの『ここに継ぐもの』は彼が主役でした。晩年はとても飄々とした味で、『萩大名《はぎだいみょう》』（P.105）の大名などは父にそっくりで、私のいい相手役をしてくれましたが、平成二十二（二〇一〇）年七十一歳で亡くなりました。

※シテ方…能楽の職分には、能のシテ（主役）を勤めるシテ方、ワキ（脇役）を勤めるワキ方、間《あい》と狂言を勤める狂言方、音楽を奏する笛・小鼓・大鼓・太鼓の囃子方があり、完全な分業となっている。

子供のころ

私が三歳で初舞台を踏んだのが、『靭猿《うつぼざる》』（P.46）のお猿さん役です。私は幼稚園に通っていた五歳まで三年ぐらい、祖父・初世萬斎に習いました。稽古の後にはご褒美をもらったり、デパートの食堂で日の丸弁当などを食べた記憶があります。祖父は私が六歳の昭和十三（一九三八）年に癌で亡くなりましたが、「オ爺サン　灰ニナッテモ　内ニイル」との句を仏壇に供えた覚えもあります。本当に自分で作ったかどうかは定かではありませんが。

祖父の芸は一緒に舞台に出たものの、あまりはっきり記憶にないのですが、もともと写実味のかった芸で、晩年は枯淡な味わいがあったと聞いています。それより和泉流《いずみ》（※）内の長老として政治力があり、次男・万介に途絶えていた名跡・三宅藤九郎家の九世を継がせました。藤九郎は自分の嫡子、保之（後の和泉元秀）を、これも途絶えていた和泉流宗家の山脇家に養子として入れ、十九世を継承させました。この時、私は次男だったので、名古屋の先代野村又三郎さんとともに宗家継承の候補に挙げられたと父から聞いています。

祖父の死後は父万蔵が稽古を付けてくれましたが、そのころの私は遊び盛りで「なんでこんな厳しい稽古をしなければならないのか」と思いました。小学校から帰って、近所の友達と相撲やべー独楽《ごま》、メンコ、砂場でトンボを切ったりして遊んでいると、父が探しに来て耳をひっぱって「稽古だ！」

小舞『花の袖』万作4歳
昭和10（1935）年

初世野村萬斎　昭和6（1931）年

と連れ戻されたものです。運動神経が良く、何でもでき、ガキ大将でした。狂言をやる気持ちは小学校の高学年の時から大学の予科に入るころまで薄かったのです。しかし、人が少ないこともあって後《こう》見《けん》（※）やちょっとしたアド役（脇役）（※）もさせられ、稽古をやめることはありませんでした。小学校を終える十二歳までに私は『痺《しびり》』『魚説法《うおせっぽう》』『附子《ぶす》』『芥川《あくたがわ》』『酢《す》薑《はじかみ》』『牛盗人《うしぬすびと》』の子方など合計十二曲を演じています。その後は東京都立第五中学校（現・都立小石川中等教育学校）に入り、四年で修了して早稲田大学附属第二高等学院（旧制）に入学しました。当時狂言に対して生意気にも「いつも型通りの稽古ばかりで創造性がない」などの疑問が生じ、変声期の年ごろでもあったので、別の世界に目が行き、少女歌劇、軽演劇、新劇などを色々と観て歩いていました。

※和泉流…狂言には現在、大蔵《おおくら》流と和泉《いずみ》流の二つの流儀がある（鷺《さぎ》流は明治時代にすたれた）。
※後見…狂言や能の上演時、装束や道具の準備をし、上演中は後見座に控え演技の介添えをする役。
※アド役…狂言（本狂言）では流儀・家によっても異なるが、主役をシテ、相手役をアド、次の相手役を小アド、多人数の役を立衆という。

父と私

父はさまざまな曲を通じてすごく愛嬌がありました。ある時小学校での舞台だったと思いますが、『痺《しびり》』（※）がこんなにも喜ばれるものかと驚きました。もちろん、『痺』自体面白い曲なのですが。父がやると、何と言いますか、観客を取り込んでしまう。観客を大変大事にした人だから子供には子供に見せるようなやさしく丁寧な観せ方ができるのです。我々が未熟だった時は自分の観せ方は一つで、何もそういう風に、相手によって変えていくというようなことは、できるものでもないしするものでもないのですが、子供と七十歳の老人であればそういう関係が生ずるのです。天真爛漫で「軽妙」とか「洒脱」とかいう言葉がぴったりの人でした。ことに晩年は重っくれるのはあんまり好きではな

句作中の父（左）と宝生流シテ方・近藤乾三氏
昭和41（1966）年　写真提供：文藝春秋

かったです。年をとると割合そうなるのでしょうけれど。ですから「お前らのやっているのは重すぎる」「長すぎる」とよく言われたものです。

また他方、格調、様式性というものも必要な大曲の場合は違った趣がありました。こうした曲には平易な曲のような感じが入ってくる。しかし、そこはたとえば『花子《はなご》』(P.82)なら、『花子』らしい格調があった上での洒脱軽妙な芸でした。格調が飛んでしまって洒脱だけだと普通の狂言と同じになってしまいます。単に舞台上で夫と妻が入れ違う所作一つだけでもそうなのです。つまり外側を様式性で固めておいて、その上で中身が段々写実になって行けばいいので、外を固めてないとだめなのです。ことに後半の謡《うたい》、舞《まい》、詞《ことば》。詞から謡になる、謡から詞になる。独演で難しいのです。そこがとてもうまかった。晩年、古稀の時だったでしょうか、その『花子』は素晴らしいものでした。

それから『武悪《ぶあく》』(P.137)で、武悪を討ちに行かした主が、太郎冠者が偽って武悪を討って来たと言うのに対し「なんじゃ討った」と言って大笑いする。この笑いの深さ。単におかしくて笑っているのではなく、家来への手前、豪快に笑っているのですが、実はそこにある寂しさ、つまり討ったという後のホッとした気持ちと、しかし段々に寂しくなってきてお弔いに行ってやろうかという心持ちになっていく、そういう笑いです。評論家の戸井田道三さんも父の『武悪』の主の笑いを大変高く評価されていましたが、その通りで私もすばらしいと思います。私もいつも父の笑いを思いだしながら笑っていますけれど。

父は大蔵流の先々代山本東次郎（二世）の格調ある芸にあこがれていたところがありました。そして祖父萬斎や叔父三宅藤九郎系の写実とは一種違う父の芸というものを作り上げています。私たちには祖父萬斎系の写実の系統と、父が創り上げた様式性、極端に言うと「江戸前狂言」（祖父萬斎はいわば「江戸前」ではなかったわけです）的質の、両方が流れているわけです。また一方では私も父とは少しずつ違っているということの実感があります。たとえば自分の芸の中に叔父の芸の影響を思い出すということもその一つです。不思議なものです。またそうした実感の基にはやはり『子午線《しごせん》の祀《まつ》り』(P.161)をやった経験とか、異流共演をした経験とか、あるいはシェイクスピアの翻案狂言をやった経験なども入っているのかもしれません。

ビクターから狂言のレコードが出た時、周りはみんな父と同世代の先輩たちがシテを演じました。父は『枕物狂《まくらものぐるい》』(P.89)、先代山本東次郎さんが初の『花子』などで、私は『奈須与市語《なすのよいちのかたり》』(P.53)を演じました。当時は三十三歳でした。先代の茂山千作さん（四世）でさえまだアド役だったので、大変な栄誉であり、ただただ有難かった。これはやはり父に仕込まれて、そのころの年齢の私が、ちょうど『奈須与市語』にぴったりだったからの抜擢だと思っています。

「万作がいる限り、狂言の将来は安泰だ」。父万蔵が演出家・武智鉄二さんにこう言ったと、父が亡くなった後で聞きました。私が四十代のころだと思います。それほど、稽古も一所懸命し、熱心に普及活動もし、前向きに狂言のことを考えていることを父が認めてくれたのでしょう。子供を直接褒めたことのない父ですが、第三者に時々、「あいつの舞台はいいから見てやってくれ」とか「あいつの将来が心配だから、よろしく頼むよ」と話していたようです。

昭和五十二（一九七七）年に『釣狐』で芸術祭大賞を受けた時は、「せがれがライバルになった」と挨拶してくれました。芸術祭の賞は数多くいただきましたが、四十代での大賞は能楽界ではなかったので正直嬉しかった記憶があります。

尤も、父に呆れられたこともありました。昭和四十七（一九七二）年四月十八日渋谷区松濤の観世能楽堂舞台披きで『三番叟』、十九日に同舞台で能『安宅《あたか》』（※）のアイを勤めた後、二十日にパリへ飛び、レカミエ座で『釣狐』の前シテを見せました。これはフランスの俳優・演出家のジャン・ルイ・バローさんに招かれ、「パリ国際演劇祭」に参加した催しでした。渡邊守章さんの企画で観世寿夫さんは『道成寺《どうじょうじ》』（※）の乱拍子をされました。

そこからとんぼ返りして翌日、名古屋へ行き野村又三郎さんの会に出ましたが、それを見て、父に

「そんな強行スケジュールはするもんじゃない」と批判されたのです。

私の父への尊敬の一つは、自分の弱みを倅に見せていたことです。戦災で家を焼かれ装束を失い、狂言を子共に継承させることに自信を無くしていましたが、それがかえって人間的で、舞台に反映される。弱さを持つことは人間として大事だと思います。父は酒飲みで駄洒落好き、生一本で単純な人でした。親しかった中野の宝仙寺山門の仁王像を制作した彫刻家・関頑亭さんは、父を評して「真っ直ぐな目線の人」と言ってくれました。関さんは今年、令和元（二〇一九）年には百歳になられます。

父の残した駄洒落を紹介しましょう。

観世九皐会で正月の『翁《おきな》』が出た時、千歳《せんざい》役の亡き遠藤六郎さんがなにかの事情で出演ギリギリの時間に来られました。『翁』の時は私どもは二時間近く前に楽屋入りする習慣があります。六郎さんが到着されたときの父の一言「エンロの所、ロクロウさん」。

評論家の大河内俊輝さんの家でご馳走になり、帰りに虎屋の羊羹をいただいた。酔っている父は玄関先で土産の品を頭に戴き「虎がトラをいただいた」と言って帰ったそうです。

※『痺』（狂言）…主人の遣いを断るため、太郎冠者は、足が痺れて動けないと嘘をつく。
※『安宅』（能）…頼朝に追われる源義経一行が武蔵坊弁慶の勧進帳を読み上げるなどの知略により安宅関を突破する。
※『道成寺』（能）…道成寺の鐘供養の日、かつて恋の妄執のため蛇と化した娘が白拍子姿で舞いながら鐘にとびこみ再び蛇体となって現れる。

母のこと

「本郷もかねやすまでは江戸のうち」という川柳がありますが、母はその江戸時代から続く小間物店「かねやす」のすぐ近く、本郷三丁目で「日光屋漆器店」を営む西村家の女五人、男二人兄弟の長女として生まれました。明治三十九（一九〇六）年のことです。父とは見合いで結ばれ、私も生まれた巣鴨の借家に住みましたが、そこには父の祖母沖路、両親即ち萬斎・もと夫婦、養女きみ子、弟の万介（後の三宅藤九郎）などが同居する大世帯でした。

やがて家計をまかされ、日々の生活の中での苦労は並大抵ではなかったと思われます。私が四歳の時、疫痢になり、同時に兄が猩紅熱に罹ったそうです。私は病室で三歳の時に披《ひら》いた（初演のこと）『靫猿』の子猿の「キャアキャアキャア」の台詞をうわごとで言っていたと聞かされています。三男の三郎は赤子の時に亡くなったと聞いていましたが、ある時母は、「あの子は、乳を飲ませていて、居眠りしてしまい、圧死させてしまったのよ」とふと私に洩らしました。どれほどの過酷な日々であったことかと、窺い知ることのできる言葉でした。

しかし、本人は東京女子高等師範学校実科（現・お茶の水女子大学附属高等学校）を卒業している程で、子供の教育には大変熱心でした。それが証拠に、私以外の子供は皆、名のある学校の附属小学校などに通っていました。

田端稽古場での家族写真　前列右から万作、初世萬斎、萬　後列左に六世万蔵　右に九世三宅藤九郎　昭和12(1937)年

やがて、我が家は、父が免債《めんざい》（制作した面を債券代わりにして借金をすること）などをして作った田端の家へ巣鴨から引っ越し、私は滝野川第一小学校（統合され今は廃校）に通いました。そのころ、父が根付や女面の帯留を彫っていた姿をよく覚えています。その田端の家も第二次世界大戦の終戦が近い、昭和二十（一九四五）年四月十三日の空襲で焼失してしまいましたが、戦後の苦しい生活は父の能面制作が支えてくれました。ある時、アメリカのダンサー、ナザニアル・スピースという人から能面を作ってほしいと父に注文がきました。面はダンスに使用したようですが、ニューヨークの自宅を訪れた時は、飾られていた般若の面の角に帽子がかかっていて驚かされました。面の謝礼にはギャバジンの洋服などが送られてきて助かりましたが、

それもまたお米に換えなければならぬ時もありました。お隣のお医者さんからは、よく借金もしたりして、母がやりくりをしている姿がありました。

しかし、母はさすが商家の出だけあって社交的で、狂言の普及活動も積極的にしていました。終戦直後から、当時の東京文理科大学（現・筑波大学）の大塚能狂言研究会の学生達の協力を得て、お茶の水女子大学の講堂で子供たちに狂言を観せる、いわば狂言教室を企画したのも母でした。自ら学校へ勧誘に出向いていたのです。この会場の許可を得られたのも、恐らく母が東京女子高等師範学校出身という御縁によるものでしょう。田端の家を失ったあと、父の弟子であった人の好意で、豊島区椎名町に移り、やがて又ここに稽古場のある家を造ったのも母の力が大きく働いています。

家計のやりくり、子供の教育すべて母に頼ってきた父ですが、晩年は、俳句を共通の趣味として楽しんでおりました。父は昭和五十三（一九七八）年五月六日に亡くなりましたが、その前日、病院の庭を母と共に散策し、「魁けて大葉桜となるさくら」と吟じ母に書きとらせました。父が息を引き取る瞬間、母にもたれかかる私を毅然《きぜん》として振り払った姿が忘れられません。

父亡き後は稽古場のある自宅に独り住み、旅をし、句謡会（謡と俳句を共に楽しむ会）を催したりしていました。昭和五十三（一九七八）年九月から四回、「母に話を聞く会」を催し、この時の内容は、共に話を聞いた、狂言研究家の藤岡道子さんによって『野村梅子談笑録』と題してまとめられています。

また、子供たちが来る稽古日を楽しみに待ち、昼食などを共にするのを喜びとしていましたが、次第に膝も弱り、這うようにして生活をしておりました。平成五（一九九三）年十二月二十六日、私は青森でお弟子の稽古をしていましたが、電話で母の死を知らされました。朝、お手伝いの女性によって、夜半独り逝った母は発見されました。

装束の下に着る胴着や胸込《むなごみ》（姿をふっくら見せるための綿入れ）の古い物には母の字で私の名前が書いてあり、見るたびに母を思い出します。

叔父・兄、芸のこと

年を取り、時折、父万蔵とその弟、三宅藤九郎との芸風を比較するときがあります。父は戦後、東京での狂言を隆盛にさせた立役者でした。善竹彌五郎さんに続き人間国宝となり、狂言界初の日本芸術院会員にもなりました。三宅も父の死後、人間国宝になりました。

私は若い時、父一筋で叔父に批判的でしたが、二人がいなくなってから芸質を考えてみると、三宅は父と質が違い、行動も違っていましたが、非常に研究熱心で緻密でした。特に『庵《いおり》の梅《うめ》』（P.91）など老女物に良さが出ていたと思います。自分も老人曲を演じ終えていろいろ反省する時、「あッ、ここは親父、あッ、ここはむしろ三宅に近いかもしれない」と思うことがあります。

三宅が写実的に老女を演じた場合、一面では自分の母の風姿が見受けられることがありました。父は洒脱な人だから、考えながらつくるより、自分の飄々とした味わいでやりまくってしまう。その両方とも祖父萬斎から生まれたもので、その写実性が濃い面は三宅へ行っているのかもしれません。

父は三宅を「おじいさんの悪いところが似ている」と指摘していました。父は祖父にも批判的で、反発して様式的で切れ味のいい芸を求めていったと思うのです。昭和十八（一九四三）年、私が十二歳の時、強烈な思い出があります。祖父の七回忌追善の会で『三人片輪《さんにんかたわ》』（※）のシテ（主役）を私がやることになりました。これは初の大人の役です。そのとき、三宅が嫡子保之（後の和泉元秀）にシテをやらせてほしいと父に談判しましたが、父は拒否。三宅とはそのころから意見の食い違いがあったようです。

兄の萬とは一つ違い。同じ年に初舞台を踏み同じ釜の飯を食べ、一緒に育って舞台も一緒。共に研究しながら舞台を創りました。殊に舞歌《ぶが》を中心とした狂言などは二人で完成した曲として評価も受け、ギブ・アンド・テークで修業しました。私たちの将来性について評論家で兄にかける人、私に期待する人がいて自然にライバル的関係にあったことも懐かしく思い出します。兄の芸はおおらかで重厚、私は繊細と評され、狂言師としては二人とも美男子すぎるともいわれていました。

兄は若いころ色紙にサインを頼まれると「それ山伏といっぱ、山伏なり」とよく書いていましたが、大名や山伏の役が適役でした。私は「この辺りの者でござる」「喜びありや」などと記すことが多かったです。

※『三人片輪』（狂言）…身体不自由を装った三人の博奕打が有徳人に召し抱えられるが、主人が出かけると正体を現し酒盛りを始める。

子供たちのこと

私は詩人・阪本越郎の娘・若葉子と結婚。彼女も詩を書き、本を四冊出しています。子供は四人、二人の女の子の後、昭和四十一（一九六六）年、武司（現・萬斎）が生まれました。小さいころの萬斎に反抗期はあまり感じませんでした。中学時代はエレキギターに凝り、バスケットをしていましたが。

私らの世代は能・狂言を取り巻く古い慣習に反抗したりしてきました。今では閉鎖的な考えは取りのけられ、他のジャンルとの交流も自由にできるようになり、萬斎は映画や現代劇など新しいジャンルに貪欲に幅広く挑戦しています。

私は狂言の演者であることを背負いながら、その演技が可能な舞台なのかを選択しながら新しい試みをしてきましたが、萬斎の選択の幅は私よりずっと広いようです。その上、こちらは年齢的にも

『靱猿』猿曳・野村万作、子猿・野村武司(萬斎)初舞台
昭和45(1970)年　撮影:吉越立雄

『靭猿』大名・野村万作、太郎冠者・野村裕基、子猿・三藤なつ葉　平成31（2019）年
撮影：志賀智

だんだん守りの立場に変わってくる。以前にあったスーパー歌舞伎を創った市川猿之助（現・猿翁）さんと大歌舞伎の古老との対立の図式と似ているかもしれません。

女の子も小学生の間は皆、『靭猿』の子猿に出演させました。長女の初重は書道を好み、中国語ができるので中国公演で通訳もしてくれました。次女の朗子は体質が私に似ているのか運動神経もよいので、子猿の他の子方の役もさせました。三女の葉子はグラフィックデザインをし、公演のプログラムなどを作ってくれています。萬斎の長男・裕基には幼い時は小舞などを教えていましたが、狂言は主に萬斎に習っています。長女の長男・遼太は猿の初舞台以来狂言をやってきましたが、今は会社に勤めているので舞台出演は少なくなりました。しかし、今でも稽古は続けています。また、今年（平成三十一年）

は葉子の長女、なつ葉が四歳で初舞台の猿を演じ、十年ぶりに『靭猿』を出すことができました。

能楽に詳しい作家で能楽書林社長・丸岡明さんが父の芸を「江戸前狂言の開祖」と評しましたが、父から私らが継いできた「江戸前」の芸風を裕基にも受け継いでいってほしいと思っています。世阿弥の名言にもある「家、家にあらず、継ぐを以《もっ》て家とす」の意を私は、家を継ぐとは名前を継ぐのではなく、芸風を継ぐことだと考えています。

狂言あとりえ

私が早稲田大学に入ったのは演劇博物館があり、そこで演劇の勉強をしようと思ったからですが、しかし、結局狂言の世界に戻り、これまでのブランクを取り戻そうと懸命に稽古しました。父はそういう態度には喜んで応えてくれました。そのころ、演出家・武智鉄二さんら主宰の「花友会」という東西狂言の会があり、関西から大蔵流の三代前の二世茂山千作さん、先代善竹彌五郎さん、先々代茂山忠三郎さんら明治生まれの名人上手が上京し、名舞台を見せてくれたのも大きな刺激となりました。多士済々でした。昭和二十一（一九四六）年、兄万之丞のために作られた「冠者会」に私も入り、古典はもちろん、新作、異流共演も含めさまざまな曲を演じました。

『夕鶴』運ず・野村万作　昭和29(1954)年

私は昭和二十八（一九五三）年二十二歳で大学を卒業し、翌年、木下順二作、武智鉄二演出の『夕鶴』に出演。能狂言様式の創作劇で、外へ出て新しい試みをするのはこれが初めてでした。同時上演の岩田豊雄作『東は東』には女優も出演したのですが、古い体質の能楽界からは当然のように非難の声が上がりました。

さらに昔話を基にした民話劇『彦市ばなし』の天狗の子役とか、能の観世寿夫さんらとの前衛舞踊『月に憑かれたピエロ』のピエロ役などを続けて演じ、そのために幅広く多くの交友関係が生まれてよい経験を積むことができました。

また、二十四歳の時に「狂言あとりえ」を発足。父からもっと狂言を学ばなければという気持ちがあったからです。場所は豊島区椎名町（現・豊島区南長崎）にあった自宅の板敷きの間を舞台とし、隣の十畳間が客席で、四、五十人が来れば超満員で、床の間にまで座布団を敷きました。

第一回は私が『福《ふく》の神《かみ》』、兄が『素袍落《すおうおとし》』を演じ、そのことが東京新聞に小さな記事として載り、その記事を目にした相武電鉄初代社長、福島倹三さんが「もっと広いところで」と勧めて下さり白木ホールでの「白木狂言の会」が生まれ、八年間、昭和三十八(一九六三)年六月まで九十六回も続きました。父が中心となり時にゲストをお呼びし狂言普及のすそ野を大きく広げることができたのです。発起人に金森徳次郎、小宮豊隆、里見弴、酒井忠正などの錚々たる方がなってくださいました。

『彦市ばなし』天狗の子・野村万作　昭和34(1959)年

「狂言あとりえ」の舞台では、普段できないような曲のシテや年齢的には無理な曲をよく演じました。そのころの私は積極的に一家を動かし、父のかばん持ちでもありました。早稲田大学のほか狂言研究家の古川久先生のいらした東京女子大の狂言研究会にもよく通い、東京大学、共立女子大学にもサークルを作るよう働きかけました。

学生たちは「白木狂言の会」を

観て、終演後に感想を話し合います。白木ホールには短い花道があり、『鉢叩《はちたたき》』（※）を演ずる時、空也念仏の衆が大勢出るので、普段使わない花道を使ったのですが、他流の当日出演の方が大変怒られ困惑したこともありました。もちろん能舞台ならば橋掛かりがありますが、小ホールでの仮設舞台ではその長さがとれない。苦肉の演出としての花道使用だったのですが、理解してもらえませんでした。固い考え方の人がまだ多かったのです。

※『鉢叩』（狂言）…都の鉢叩き僧たちが北野天神の末社瓢《ふくべ》の神に参詣し、和讃を唱え踊り念仏をする。

CM出演の反響

昭和五十二（一九七七）年には、コーヒーのネスカフェのテレビＣＭ「違いのわかる男」に出演しました。バックには『釣狐』の狐が跳び上がる場面を使いました。能楽界の演者がＣＭに出た最初かもしれません。出演してよいか悪いか随分迷ったものです。私は九代目でそれまでは小説家・遠藤周作さん、北杜夫さんたちが出ていたＣＭです。遠藤さんに会った時、「俺は四代目だ。四代目は名人が多いんだぞ」と冗談を飛ばしていました。私は何度もさまざまにコーヒーを飲む場面を撮りまし

ネスカフェ ゴールドブレンド広告用写真　昭和52(1977)年

たが、ポスターは別撮りで高い脚立の上に乗り、コーヒーの湯気を入れるため、また手に持つカップが曲がったりするので、何度も深夜まで撮り直したのを覚えています。

実は父万蔵も私より少し前に、四国の和菓子屋さんのテレビＣＭに出たことがありましたが、ローカル局だけの放映だったのであまり知られていません。

私の出演直後、丁度ＣＭに流された『釣狐』を公演しましたが、チケット申し込みの電話が鳴りやまず、妻がノイローゼになるくらいで、電話機に洗面器をかぶせ、毛布を掛けたほどです。以来、他の狂言師も何人かコマーシャルに出ており、息子の萬斎も出ています。電車の吊り革につかまっていると、前に座っているおばあさんにしげしげ顔を見られたりしたこともあります。先代の茂山千作さん（四世）が「地方で公演すると、あ、あのＣＭでやっている狂言ですね、と相手がわかってくれ、狂言のためによかった」と言ってくれました。父の病院に見舞いに行くとナースの人が私に興味を示し、それを父が冗談まじりにぼやいていました。

弟の思い出

すでに申したとおり私の兄弟は男が四人おりまして、私と兄は年が近く、少し離れて四郎と悟郎（万之介）となりますので悟郎と私とでは八歳離れています。みな私以外は押し並べて男前だと思いますが、なかんずく悟郎は子供のころから一番可愛らしい顔をしていました。

私は十四歳で終戦の年を迎えましたが、東京への空襲があった昭和二十（一九四五）年四月十三日、兄は滝野川の造兵廠への勤労動員で夜勤、四郎と妹は学童疎開、母も松戸の親戚の方に行っていたかして、家にいたのは父と私と悟郎の三人でした。家が焼けたとき、父は焼け落ちる近くまで家の傍らにいましたけれども、私はまだ幼かった悟郎の手をとって隣の家の老夫婦と避難しました。ちょうど駒込と田端の間にある山手線の崖に沿って掘ってあった横穴に逃げたのですが、火の粉が横穴の入口に落ちてきてまったく生きている心地がしませんでした。

『柑子』太郎冠者・野村万之介　撮影：吉越研

悟郎とは生涯一緒に行動を取らざるを得ない関係が続きました。大学生のころ、彼は狂言をやっていこうかいくまいかと悩む時期がありましたが、私などが大いに進言したこともあり、最初の渡米にも同行し、本格的に狂言の道に進むきっかけにもなったわけです。

万之介（悟郎）の芸について述べるとすれば、晩年の父（六世万蔵）の芸と同一線上で彼の芸を観る、というのが中心的な視点になろうかと思います。私は若いころ、能の会で私どもの家が狂言を頼まれると、どの狂言をどのような配役で勤めるかということを返事する役割をしておりました。父に「何をしますか」と聞くと父がいくつか曲を書いて「お前この中から選んでおけ」といったような具合です。私がその中から選んで、間狂言のことも考えながら父の相手役を兄や私に配役していくのです。父は『栗焼《くりやき》』（※）、『連歌盗人《れんがぬすびと》』（P.141）、『酢薑《すはじかみ》』（※）といった渋い曲も好んで挙げていましたが、万之介が得意としていた『萩大名《はぎだいみょう》』、『咲嘩《さっか》』（※）、『鈍太郎《どんたろう》』（※）、『子盗人《こぬすびと》』（※）、『無布施経《ふせないきょう》』（※）なども晩年の父がよく挙げていた曲です。こう並べてみると万之介の好む役の性質、傾向が父に似ていると思われます。みなある種洒脱な、くだけた写実味の濃い芸が求められる狂言で、様式的に硬く演ずる役ではありません。

万之介が狂言を志して父のもとで本格的な修業を始めたのは父が還暦を過ぎたあたりからの十数年でしたから、狂言の様式的な演技を支える幼少から青年期にかけての舞歌の鍛錬というのは十分には経験していません。一方で、晩年さきほど挙げたような曲を味わい深く演じるようになっていた父のもとで修業を始めた万之介は、その父の芸を一所懸命追いかけたわけで、晩年の父を追いかけた度合いにおいては兄弟の中で、万之介が一番深いというか、大きかったのではないかと思います。私はだんだん自分の個性が明確になっていった時期でしたが、万之介はそうではなく、父の真似をしよう、しようとしていたように思います。そうしたことに加えて彼の生来のおおらかで人の好い性格が、こうした曲において味わい深い舞台を生み出したのでしょう。

所謂テクニックを超えた心の表現や言葉の言い方というものを、〝あるべき〟ではなく、〝あるがまま〟に演ずるという良さが、ことに晩年の四、五年の彼からは強く感じられました。

平成二十二（二〇一〇）年に彼が逝ってから、日々舞台を勤めていると、彼の居なくなった穴は本当に大きいと感じました。芝居の方ではニンが合うというようなことを言いますが、この役にはこの演者がいいという人がパッと居なくなった時に、本当にすぐ代わってやれる人というのはなかなかいないものだと思います。

※『栗焼』（狂言）…主人に命ぜられ太郎冠者が栗を焼く。
※『酢薑』（狂言）…酢売りと薑売りがそれぞれの売り物の由緒や秀句（洒落）で勝負する。
※『咲嘩』（狂言）…主人の伯父と間違え詐欺師を連れ帰った太郎冠者が騒動を起こす。
※『鈍太郎』（狂言）…本妻と愛人に出家を思いとどまるよう求められた鈍太郎は、二人にある条件を出す。
※『子盗人』（狂言）…屋敷に忍びこんだ博奕打ちが居合わせた赤ん坊をあやす。
※『無布施経』（狂言）…施主が勤行の謝礼（布施）をなかなか出さないので、それとなく思い出させようと僧が奮闘する。

謡初めのこと

私どもの家では毎年元旦に一門が集まり、謡初《うたいぞ》めをするしきたりがあります。一年の中で唯一の恒例行事と言えるでしょう。一門全員が稽古舞台に上がり、正面に一礼をし、当主の「春毎《はるごと》に」の発声に続き全員で「君を祝いて若菜摘む、わが衣手《ころもで》に降る雪を」と『雪山』といううめでたい狂言小謡を謡います。修業の浅い者から各自、自由な選曲で小舞を舞い、皆でその地謡を謡い、最後に当主が舞って、また一礼をして終わります。周囲には家族が観ており、そんな風景が年頭の最初の舞台なのです。

その後新年会となるのですが、今年（平成三十一年）の謡初めは大変賑やかで、祖父、父の代を通じてこんなにも大勢での謡初めははじめてのことかと思います。

一年初頭の舞台ですから、各自の舞姿にもかなりの緊張感が感じられます。

黒式尉

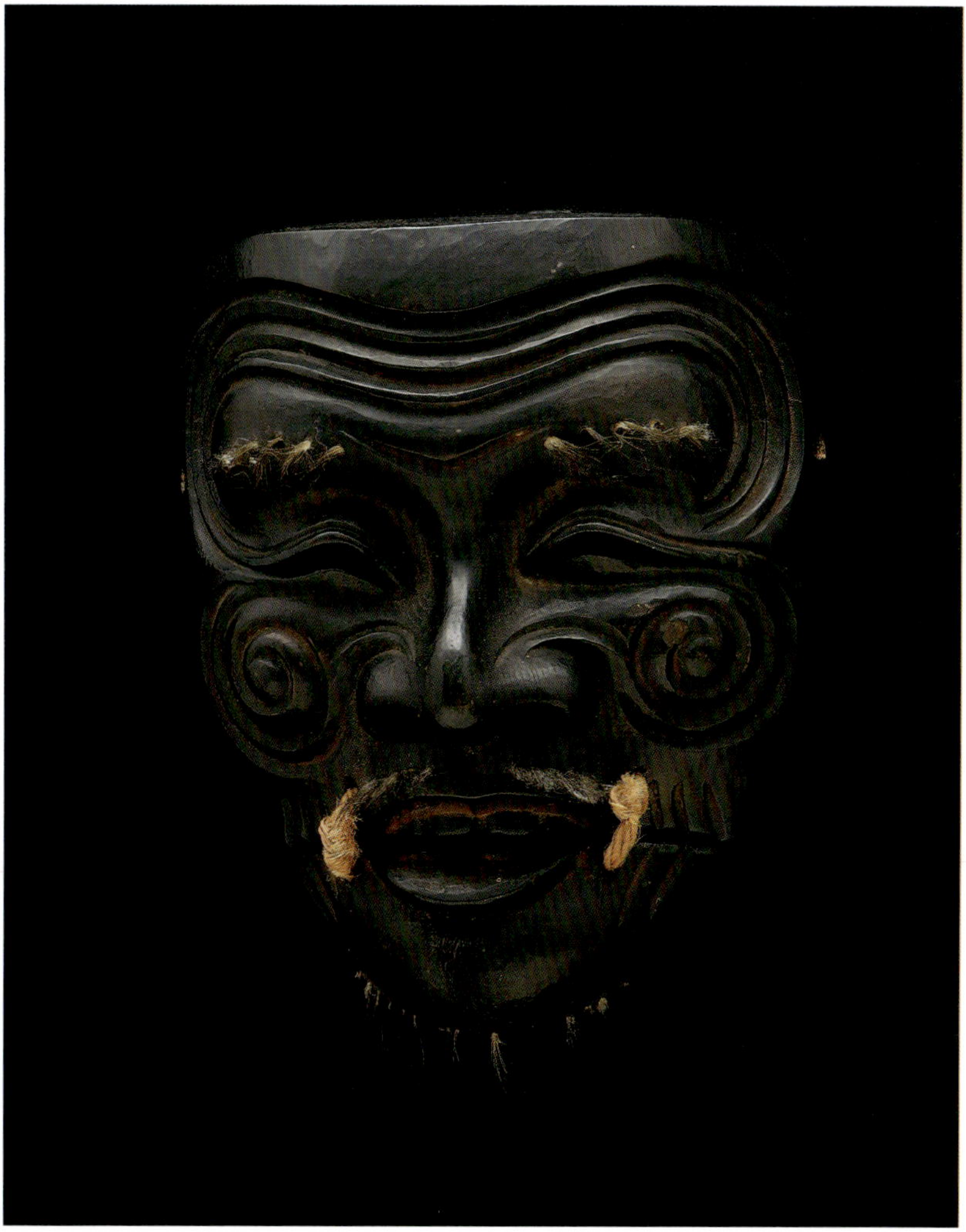

（赤鶴 作）

賢徳

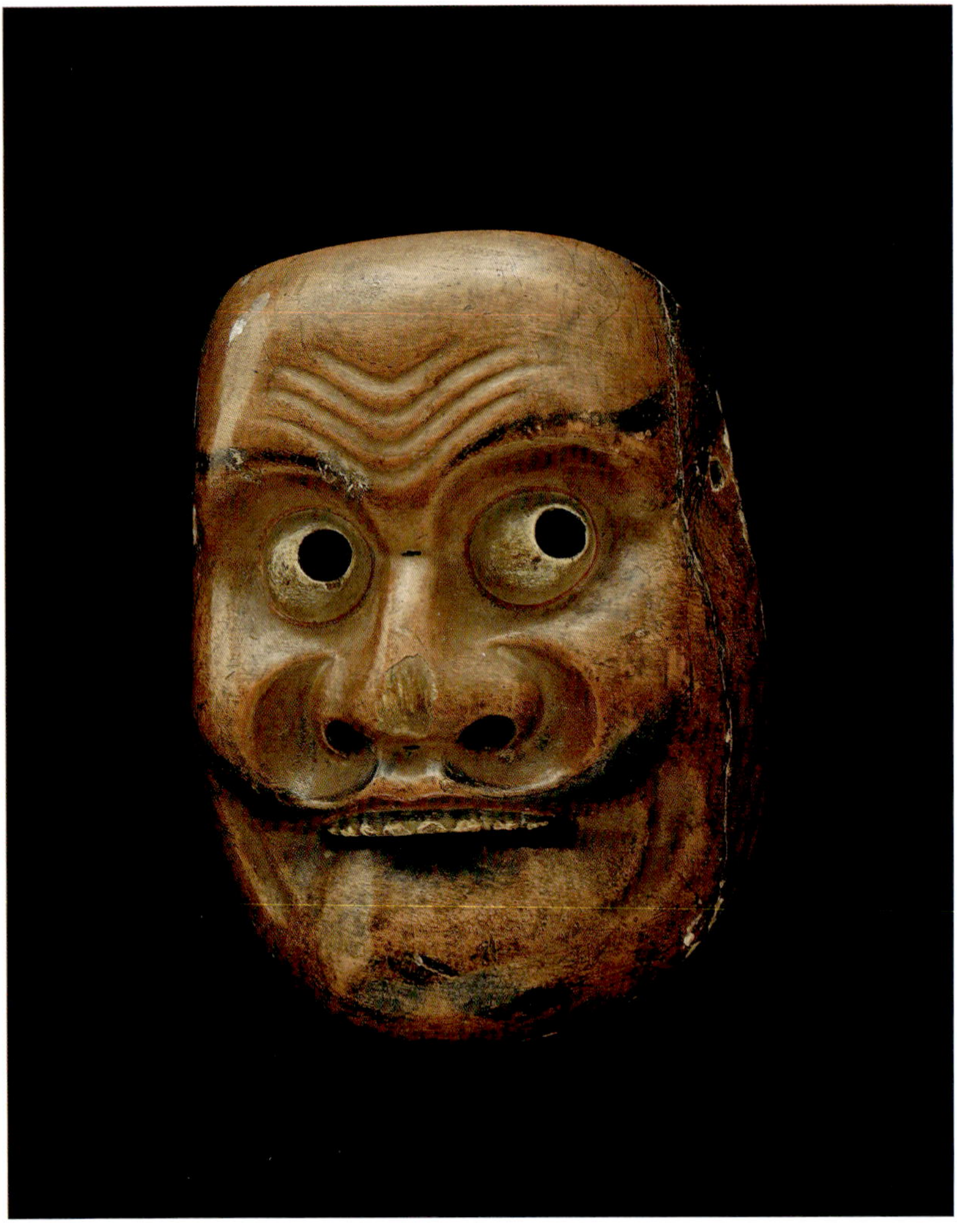

（井関 作）

舌出し乙

（出目右満 作）

狐

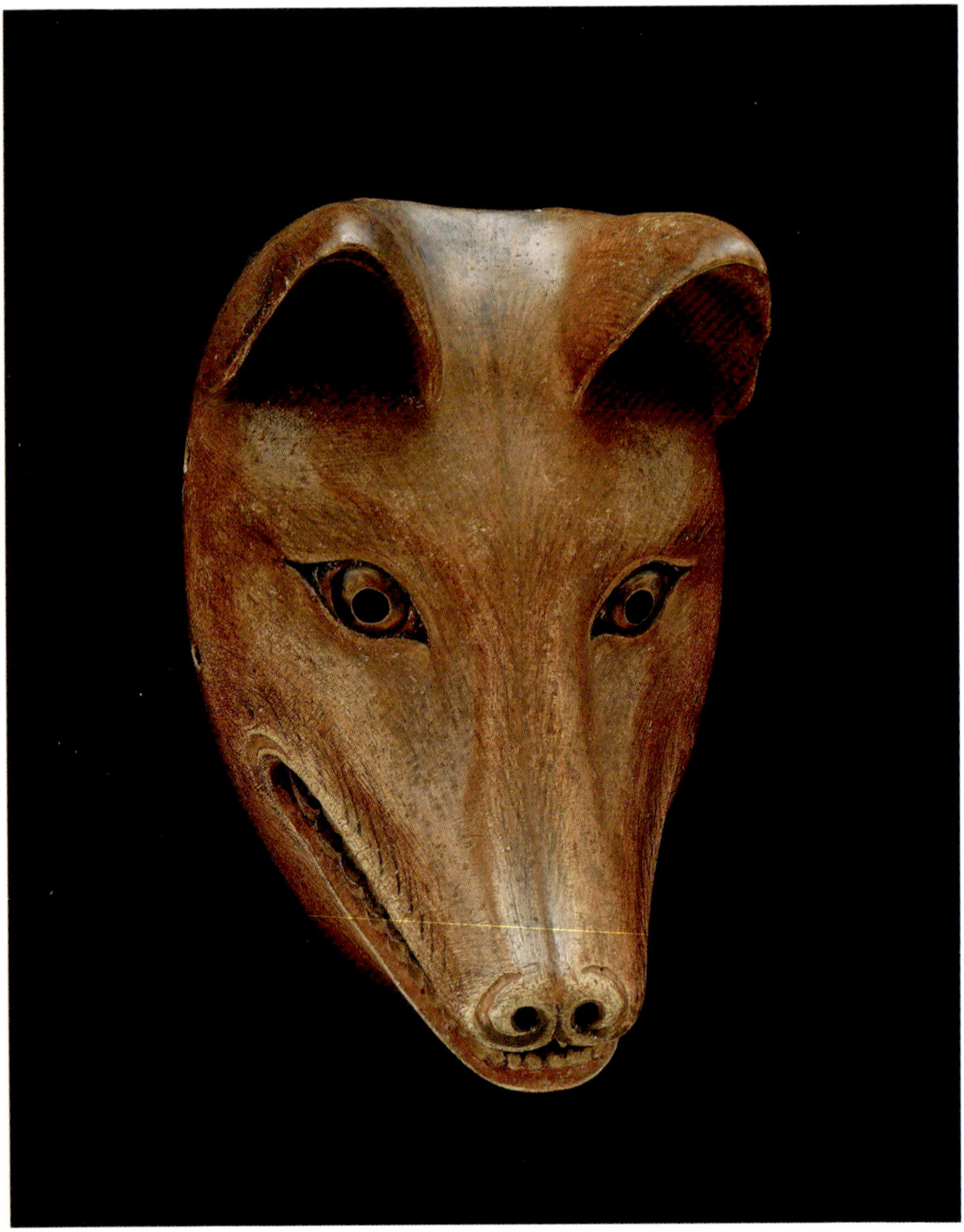

（大和 作）

武悪

（伝 赤鶴 作）

武悪

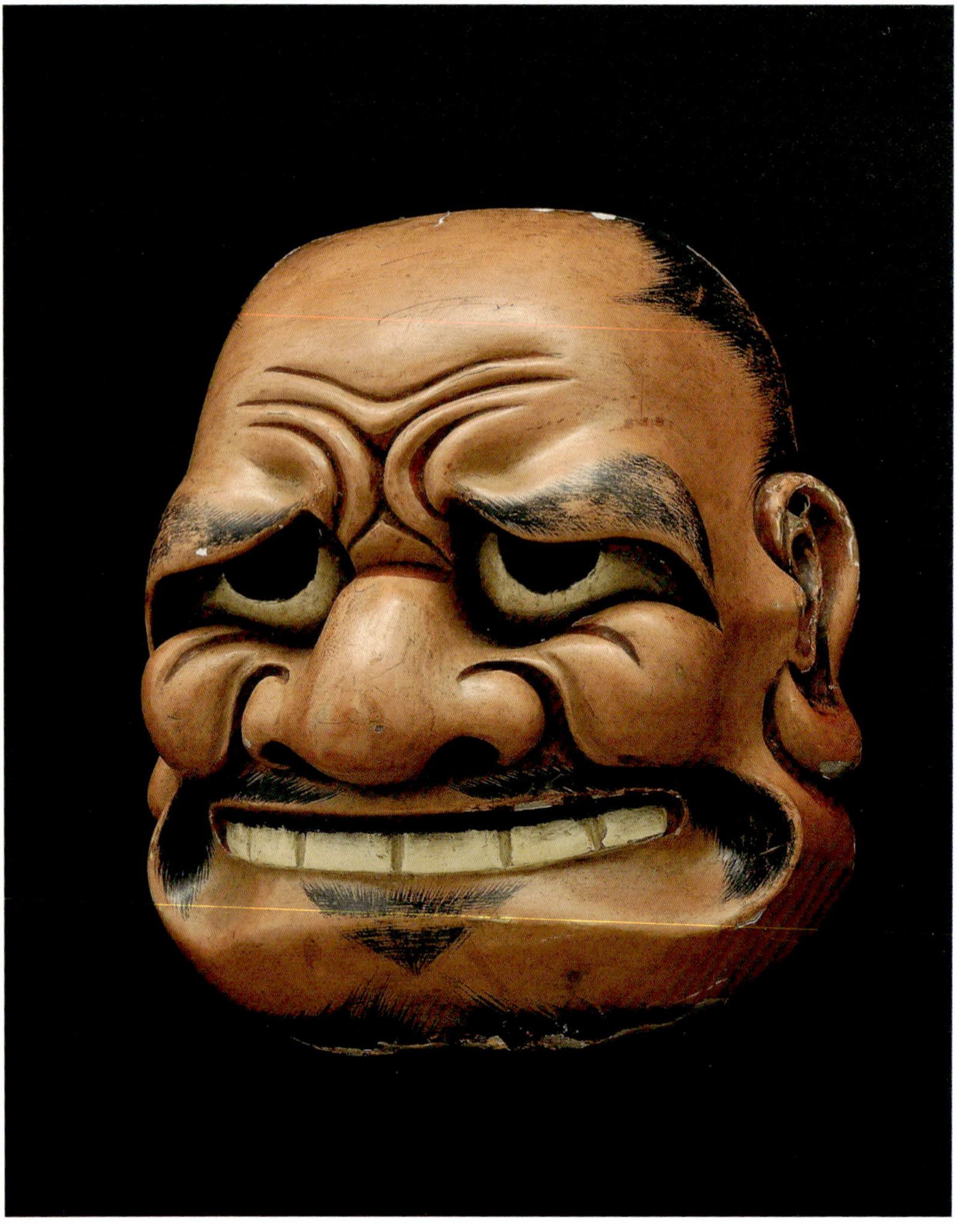

（福来 作）

祖父（おおじ）

（千種 作）

第二章　狂言修業の芸話

猿に始まり狐に終わる

【靱猿《うつぼざる》】

大名が太郎冠者を伴い狩りに出かける道中、毛並みのよい子猿を連れた猿曳に会う。かねて靱（矢を携帯するための道具）に猿の毛皮を掛けたいと思っていた大名は、その猿の毛皮を譲れと迫る。理不尽な要求に一度は拒む猿曳だが、弓矢での威嚇に抗えず、ついに了承する。猿曳は泣く泣く猿に因果を含め一打ちに殺そうとするが、猿は鞭を芸の合図かと思い船の櫓を漕ぐ真似をする。それを見てやはり殺せないと泣き出す猿曳に大名ももらい泣き、猿の命を助けることにする。喜んだ猿曳は猿に様々な芸をさせ、大いに興に入った大名は扇や装束を与え、めでたく終曲となる。

「猿に始まり狐に終わる」という言葉があります。父が『狂言の道』という著書の中で初めて書いたのですが、私たち狂言の演者が通らなくてはならない道です。

私の初舞台は、三歳の時、昭和九（一九三四）年に朝日新聞社のホールで催された東北地方の冷害義捐金募集の会での『靱猿』の子猿の役です。猿曳が祖父萬斎、大名が父万蔵、太郎冠者が叔父万介

（後の三宅藤九郎）でした。もちろん私はなにも覚えておりませんが……。その時、楽屋で衣装を着け、やがて始まるので面を着けようとしたら、お猿さん、つまり私が楽屋にいなくなってどこに行ったかわからない。皆が探したらば舞台に上がって観客のほうを眺めていたそうです。

猿は祖父に教わりました。兄の猿と私とが同年のスタートだったので、おそらく祖父が一人は自分が教えてやろうと父に申し出たのではないでしょうか。祖父が孫を教えるという関係は大変よいと思います。それは、孫にはやさしく、その芸が好きになるような教え方ができるからです。父親だと、どうしても早く上手にさせようなどの欲が出て、厳しい稽古になり、時には大人と同じような芸をさせてしまい、先に行ってから芸が止まってしまうこともあるからです。常の狂言の稽古は口移しで習います。もちろん無本で一句一句を真似てゆくのです。私は可愛がられながら小舞『花の袖』、狂言『痺』を祖父から習いました。『痺』の相手役も祖父でした。

私どもの家で、『靱猿』で初舞台を踏むことが多いのは、「猿」を子供のころに経験することにより狂言のリズムが体に入り、鍛えられるという意味があるように思います。そういった意味では、狂言『宗論《しゅうろん》』(P.129)や『悪太郎《あくたろう》』(※)の浮き、小舞の『宇治《うじ》の晒《さらし》』や『八島《やしま》』などの足拍子、さらに言えば『三番叟』でさえも『靱猿』からの延長だと言えるでしょう。『靱猿』で初舞台を踏むことについて、東京の狂言の方は舞歌を大事にしているからで、『伊呂波《いろは》』(※)など詞《ことば》中心の狂言で初舞台を踏む関西とは対照的だと言われた大蔵流の狂言の人がいますが一理あるように思います。

息子を教える－『釣狐』武司（現・萬斎）披キ、稽古風景　昭和63（1988）年　撮影：藤森武

孫を教える−『靫猿』遼太初舞台、稽古風景　平成7(1995)年　撮影:吉越研

萬斎（武司）初舞台の楽屋で　右から万作、六世万蔵、萬斎（武司）　昭和45（1970）年

『靱猿』の子猿というと子供が演じるだけに様々なあどけないエピソードがあります。舞台でおしっこをしてしまったお猿さん、舞台から落ちてしまったお猿さん、学校の講堂での上演で、舞台にピアノがあってその下に入っていってしまったお猿さん、泣き出して出演を拒否してしまったお猿さん。猿曳役を勤める実際の父親との初練習の際、猿曳が泣く場面で一緒に泣き出してしまったお猿さんもおりました。お父さんが本当に泣いていると思って泣き出してしまったのでしょう。

私自身の思い出というと子猿のモンパ（ぬいぐるみ）の話です。今ですと子猿のきぐるみはホックでとめていくのですが、昔はいちいち糸と針で縫っていたもので、首筋や顎などをとめる時に針がすぐ間近を通っていくのがとても嫌だったというか怖いというか、何とも子供らしい思い出があります。また、演ずる直前に病気になった時は熱にうなされて、キャアキャアと寝床で泣いていたことを母から聞かされています。

子猿の役というのは、舞台を広くあちらこちらと動いて、時々止まって、それも同じ所ではなくていろいろな所に止まって、手を掻く、ノミをとる、でんぐり返しをする、走りまわる、頭を掻く、お尻を掻く、それらを組み合わせながら動くのですが、同じことばかりやると怒られたものです。同じ所にあまりいてはいけません。しかし、そううまくはいかないもので、私は楽屋で「今日は何回でんぐり返しをする？」と子猿に問いかけたりするのですが、その場では三回とか四回と答えてくれはするものの、そんなにはやってくれないことが大抵です。忘れてしまうのですね。ほとんど動かないで大名、太郎冠者や猿曳の詞を聞いてしまう、などということも多々あります。子猿の理想を言えば、前半は無心に動き回っていろいろなことをし、後半は猿曳の謡のリズムに乗ってきちんと様式的に型が出来るのが一番でしょう。役々が緊張感を持って演技をしている時に、無心に動き回っているのが最高に好いのです。

子猿もさることながら大名、猿曳、太郎冠者もなかなかに難しい役です。大名は特に難しくて、あまり若い人には向かない役でしょう。威張っている方はできても後半のほろりとする人情味のようなものはやはりベテランでないと出にくいものです。

それに対して猿曳は、生一本と言うか、ひたすらに突き進む演技がいいわけです。あとは猿唄と言われる謡をきちんと謡って猿がそれに見事にリズムにのって踊ってくれるかどうか、というところにかかってきます。

太郎冠者も難しい役です。大名と猿曳の間を何度も行ったり来たりしながら両者の詞と同じ詞を繰り返し伝えますが、まずはこの取次ぎのテンポの良さ。さらに、同じことを同じように伝えたのでは駄目で、近代的に言えば、無意思の取り次ぎ役という側面を持ちながらも、大名の召使「太郎冠者」であり、猿曳に対しては猿を助けることを拒絶する強い面と、また反対にある意味では猿曳に同情もしているという両面を持ち得なければならないのです。

私たちの家では孫が子猿、父親が猿曳、祖父が大名という親子三代の配役を良いパターンとして随分やってきました。このように親子三代でやることがふさわしい、面白いという曲は他にあまり見受けられません。初舞台が猿ではじまり、孫が育って伝統を受け継いでくれることへの期待と喜び、特に親子三代でやる『靱猿』というのはそうした気分が色濃く出るものです。『靱猿』という狂言はそういう特別な意味のある曲でもあるのかもしれません。

※『悪太郎』(狂言)…乱暴者の悪太郎は伯父の家で酒に酔い、帰り道で寝込んだところ僧形にされる。
※『伊呂波』(狂言)…父が子にいろは四十八文字の読みを教えようと口真似をさせる。

【奈須与市語《なすのよいちのかたり》】

源平による八島の合戦の時のこと。海上の平家方より、扇を立てた一艘の舟が漕ぎ出だす。源氏の大将義経は、後藤兵衛実基の献策により、弓の名手・奈須与市宗高を召し、扇の的を射ることを命じる。初めは固辞した与市だが、義経の厳命にやむなく従う。与市は馬を海中に乗り入れるが、波に揺れる小舟になかなか狙いが定まらない。そこで神明に祈りを捧げると、不思議と的が一瞬静止する。すかさず放った矢は見事命中し、扇は夕暮れの波間にひらめき落ちる。源平両軍の賞賛の中、与市は大将義経の御感にあずかるのだった。

『奈須与市語』は修羅能『八島《やしま》（屋島とも）』（※）の間《あい》狂言の特殊演出であり、そこを独立させて狂言の会などでも演じられています。間《あい》は能の前場と後場の間（中入り）にその概説などを語るのが多く、これが狂言の役なのです。『平家物語』の中の、与市が扇の的を見事に射落とす場面を、弓の名手・与市、源氏の大将・義経、その家老・後藤兵衛実基の三者を仕方話で一人で演じ分ける。三人は同じではなく、与市は二十歳で若いし、年齢、身分もそれぞれ異なり、その違いをはっきり浮かび上がらせなくてはいけないのです。この三人の他に一言だけですが群衆の言葉を私は意を用いて演じています。与市が馬を海に乗り入れて弓を射る場は、大変派手な型で膝をついたまま舞台の中心からワキ座の方へガガガガッと進んでいく。弓を射てからまた前向きのまま膝行して下がってくる。他の家にはない私どもの独特の型です。これを演じて褒められないようでは一人前の狂言師とは言えないと思うほど、家によって型は違っていても皆よくできていると思います。私どもではこの曲がほぼ最初の披き（難役の初演）の曲となっています。

※『八島』（能）…源義経の霊が源平の屋島合戦の様を語る。後場では在りし日の姿となり戦の様子を再現する。

『奈須与市語』野村万作　平成12（2000）年

【三番叟《さんばそう》】

能楽の儀礼曲『翁《おきな》』の中で、狂言師の勤める役が『三番叟』である。常の能とも狂言とも違う、古風な様式を多く留めた神聖な曲とされ、『翁』または単独の『三番叟』として、現在でも正月の初会や舞台披き、特別な記念の催しなどで演じられる。

まず前段の「揉之段《もみのだん》」は、舞手自ら掛け声を発する、力強く躍動的な舞である。その後、「黒式尉《こくしきじょう》」の面をつけ、千歳《せんざい》との問答をはさんで後段の「鈴之段《すずのだん》」を荘重に舞い始める。鈴を手に、始めはゆっくりとしたテンポで足拍子を踏み、種まきのような所作を交えて舞うが、鈴の音と囃子の演奏の響き合いとともに徐々にテンポが速まって行き、やがて最高潮に達する。

正月の能会では、『翁』がよく出ます。

能にして能にあらずといわれる一種の神事で、その中の『三番叟』は我々狂言の役です。舞うと言わずに踏むと表現するほど足拍子が多く、天下泰平、五穀豊穣を祈るので、一年の初頭としての緊張感にあふれた演技となります。

私は、昭和二十五(一九五〇)年、「萬斎十三回忌追善会」という催し、万作襲名の舞台でもあり

『翁』三番叟・野村万作　平成28(2016)年　撮影:政川慎治

ましたが、『三番叟』と『奈須与市語』を一緒に抜きました。両方とも狂言の大切な曲で、「抜く」とは初演のことですが、特に修業途上の節目となるような難しい曲を演じた場合のみに使われます。通常二曲同時はあり得ないので、よく父が許してくれたなと思います。私の熱心さを買ってくれたのでしょう。

前半は「揉之段」といい、演者は面をつけず、軽快にエネルギッシュに動き、その頂点に「烏飛《からすとび》」といって三回飛び上がる所作があります。後半の「鈴之段」では、黒式尉の面をつけ、鈴を振りながら種をまく仕草があり、飄逸味が感じられます。私どもの揉之段は三番叟が自分で終始「ヤ　ハンハ」と声を出してリズムを取り、笛、小鼓三挺、大鼓一挺の囃子方の演奏とのぶつかり合いで緩急が創りだされる点が独特です。

若い時は、「烏飛」などでは外に向かって力一杯の跳躍をしましたが、今は年齢的なこともあり、内に力を溜めて飛んでいます。昔、能の仲間から「君の三番叟はバレエ的だね」と言われました。『三番叟』独自の発散の動きと抑制本位の能のあり方とのギャップを感じるのでしょう。「烏飛」の跳躍にしても空間に高く体を舞い上がらせるよりは、巌のようになって落ちる方に主眼をおくようにするのが、舞とバレエとの違いではないかと今は考えています。

私は翁の舞が終わり、「三番叟」のための揉出しという囃子が次第に高調してくるのを待つ間に、いつも「気韻生動」という言葉が頭をよぎります。大学の美術概論の時間で習ったのですが、その意味はともかく、これから力一杯舞うぞと静止から躍動へ入っていくエネルギー源にしている言葉なのです。能会の他に、ホールの柿落《こけら》としなどでも『三番叟』はよく出されます。墨田区に新しくできた東京スカイツリーのオープニングでも、萬斎が舞いました。また平成十四（二〇〇二）年に笛の藤田流の記録にある二人の三番叟を「双之舞」という小書（特殊演出）にして萬斎と初演しましたが、私の舞台生活八十年記念の会でも舞いました。年齢によっての芸のあり方の違い、また伝承の姿が観ていただけたと思っています。

若い時分は力いっぱい外に向かって激しく舞うところに『三番叟』の本領があると言えるでしょう。ところが演者も年齢を重ねると、そういう激しさで外に向かっていくことはだんだんとできなくなってきます。そうすると、『三番叟』の運歩や跳躍は「よろこび」や「めでたさ」の表現であるわけですが、演者のエネルギーが直接的に外に向かうのではなくて、内からこみ上げてくる「よろこび」や「生命感」なりを「めでたさ」として表出させたいとなってくるのです。

たとえば、「揉之段」で「お、さへお、さへ、おう、喜びありや、喜びありや……」と本舞台に進み入って行くときも、すっと行けばただそれだけなのですが、その間に演者の身体からほとばしるエネルギーが見所《けんしょ》にどう伝わっているのか。「喜びありや」という言葉をじっくりと、味わい深い思いとして感じとってもらいたいと思うのです。こういう意識は年齢と共に出てくるものなのだなあと、やっていながら思います。

もう一つ、後半の「鈴之段」は黒式尉の面をつけ、千歳から渡された鈴を振りながらの呪術的な祈禱の舞です。この「鈴之段」では陶酔し、なにかに取り憑かれて鈴を振って祈る、恍惚境とも言える心もちになります。そうして一曲が終わったときに、それまでは黒式尉の面をつけていて一種の神がかったような感覚にあるところから、ふっと素の自分自身、野村万作に戻るのです。この、ふっと素に戻った時の気持ちは快感と呼んでよいと思いますが、その時の時間が『三番叟』の醍醐味を感じる時です。無事勤め終わったという思いと相まって実に気持ちのよいものです。そして面を取って汗だくになって幕へ入って行く際も、なにか舞台でやったことと素に戻った大きな落差がとても心地よく感じられるのです。

『三番叟』をやると、どの演者もその年齢の時分、時分で芸が飛躍できると思います。もちろん厳しい稽古がありますし、囃子との兼ね合いも難しい。まさに狂言の演者としての身体、声、心のすべてが鍛えられるわけです。もちろん教える方も大変なエネルギーが要ります。普通はそう頻繁に勤める役ではありませんが『三番叟』を踏むということに、私自身もいつも晴れがましさと喜びを感じています。

【釣狐《つりぎつね》】

一族をことごとく猟師に釣りとられた古狐。狐釣りを止めさせるため、猟師の伯父の僧・白蔵主《はくぞうす》に化け意見をしに行く。白蔵主は殺生石の由来を引いて狐の執心の恐ろしさを説き、猟師に狐釣りを止める約束を取り付け、罠も捨てさせる。嬉々として帰る道すがら、白蔵主は先刻捨てさせた罠に大好物の油揚げが掛かっているのを見つけるが、飛びついて食いたいという衝動に耐え、一度姿を消す。

狐に気づいた猟師が罠を掛けなおすと、白蔵主の扮装を脱ぎ本来の姿となった狐が現れ、とうとう罠に飛び掛かる。猟師はしてやったりと捕まえにかかるが、狐はなんとか罠を外して逃げて行く。

私は狂言の秘曲『釣狐』を昭和三十一（一九五六）年、二十五歳直前で披きました。以来、長い間こだわってきた大切な曲です。

前半はぬいぐるみの上に装束を着て白蔵主の面をつけ、後半はぬいぐるみだけになり狐の面に変わります。時間は狂言最長の七十五分。私どもの場合、まず屏風の中で装束をつけ、観客の目に入らない登場以前から習い事、秘事が続きます。姿勢も獣らしい特異な形、足運びも「獣足」という指を内に曲げ、爪先を上げない歩き方で、気力、体力ともに限界に挑む至難の曲です。台詞も緩急、高低が激しく、その鳴き声も鋭い。

「猿に始まり狐に終わる」とは、つまりこの狐を演じ終えて、狂言師は一人前といわれるという意味なのです。

狂言の修業には段階がいろいろあります。『奈須与市語』『三番叟』『釣狐』『花子』『狸腹鼓』というように。もう少し細かくいうと、『釣狐』の前には必ず『節分《せつぶん》』(P.109)を演じます。『節分』は蓬莱島から来た鬼が女の機嫌をとるために流行歌を謡い舞うところが中心で、狐と同様のエネルギーが必須の芸です。

『釣狐』を演じるには平常心がとても大事で、自分は体が頑健だとか、十分に稽古しただとかがあっても、あまり興奮してはいけない。見せっ気があっても、乱れが出てしまう。マラソンに例えれば、平常心を持ってペース配分に気を配ることでいい記録も出るのです。

私の初演の時の演技は過剰に自分の運動神経を信じていたため、最後は息も絶え絶えのところを観せてしまいました。友達が撮った舞台写真が残っていますが、隙のある姿をさらしているなと思いました。舞台の奥に座る後見役の父の顔も写っており、私の出来を鋭い目つきで見つめていた父親、指導者、演出家として共に演じている姿が感じとれます。

一回目が思うようにできなかったのですぐに再演をしました。演ずるたびに不満が生じ、だからこそ数を重ねて演じてきたのです。満足な出来であったならば、そんなにはやらなかったでしょう。いつの間にか「狐」に執着していました。父も「狐」を得意としていたと言っていましたが、十回もやっていなかったでしょう。最後は昭和二十九（一九五四）年五月、新潟長岡能の舞台で六十歳前。私も六十二歳で演じ納めと称しました。

『釣狐』の稽古は、最低半年から一年ほどかかるので、教える方は、まだ体が動けるときがよいのです。私は年を取るほどに狐が楽に演じられるようになりました。それは、見せっ気がなくなり、見せるのは内心ということであり、静と動の配分の大切さを知ったからです。

至難の大曲『釣狐』はこれまで二十六回、面や装束のない紋付袴だけの、いわゆる袴狂言『釣狐前』は七十八歳の時以来五回演じてきました。アメリカで一度は「前後」とも演じ、また別の時に前後で人を替えて、「前」だけ一度、「後」だけ一度演じました。なぜこの曲が難しいのか。それは常の狂言にある構え、運歩（足運び）、所作などとは真逆の動きがまず強いられ、「習い」という秘事、口伝が曲中に終始あるため、高度な技を要求されるからです。獣が立ち上がったような中腰の姿勢で右手に竹杖を持ち鳩尾のあたりにつけ、杖は床から一センチほど離して、常に同じ形で移動するので、股や腰が大変にきつい。最初の稽古では途中で腿が張って動けなくなってしまう程です。前シテの狐が化けた猟師の伯父・白蔵主の装束は、まず毛皮をつけ、その上にお坊さんの着付けと長衣をして角帽子《すみぼうし》をつける。そして狐が人間に化けた白蔵主面をつけるので装束も重く、激しい動きの後は酸欠状態になります。毛皮のぬいぐるみは絹糸が刺し込んであり、手作りだから一式そろえるとかなり高価で、いくつも所持するわけにはいかないので、大勢の演者の汗がしみ込んでいます。

四十六歳の上演の時、そのころはかなり忙しくなっていたので、『釣狐』の稽古が思うようにできませんでした。息切れを抑えるため、当時住んでいた文京区のマンションの十五階まで一気に駆け上がる練習をしたり、近くの公園で縄跳びを連続して三百回したりして体を鍛えました。

『釣狐』は、鏡の間に屏風を立て、その中でシテを演じた経験のある後見に装束をつけてもらう。他の者は屏風内には入れないことになっています。やがて猟師役が舞台に出たことを後見から知らされると、舞台上と同じ特殊な獣的姿勢で屏風から出て幕にかかる。現在、国立能楽堂などでは、鏡の間の隣が装束着けの部屋になっているので、ふすまを閉めて屏風内のように扱うこともできます。すべての用意ができ、出を待つ時の孤独な緊張感は、並大抵のものではありません。

次第という囃子による幕離れ（登場）は大変難しく、シテの白蔵主が「お幕！」と勢いよく声をかけると、二人の幕後見が、瞬時に幕を揚げ降ろす。狐が忽然と現れるのです。頭に着けている角帽子すれすれに幕を処理をします。会場（能舞台）によって重い幕、長めの幕とさまざまあるので、申し合わせ（舞台稽古）で何度も稽古します。「もうじきお幕と言うぞ」というサインもあって、幕後見は緊張感を持って「お幕！」の声を待つ。「幕内の習」と言われていて、ちょうど能の『道成寺』で鐘を落とす呼吸と共通しています。また、舞台で水に姿を映して、うまく化けられたかを見る「水鏡の型」、犬の遠吠えに驚き、あちこちと走り回る「驚きの習」など、さまざまの習い事が続きます。

和泉流と大蔵流では狂言の各曲に台本、演出の違いがありますが、この『釣狐』でも違いがあります。大蔵流は私どものように先に猟師が出て笛座に座らず、シテ白蔵主の後から一緒に出る。つまり常の狂言の演出の通りの形式です。古風とも言えますが、忽然と現れる登場に慣れた眼からは、初めから尻尾が見られているようでしっくりこない。同じように、私どもの角帽子の上に白蔵主面をつけるやり方は，大蔵流の人から見れば帽子の上に顔がくるのだから奇異に映るかもしれません。

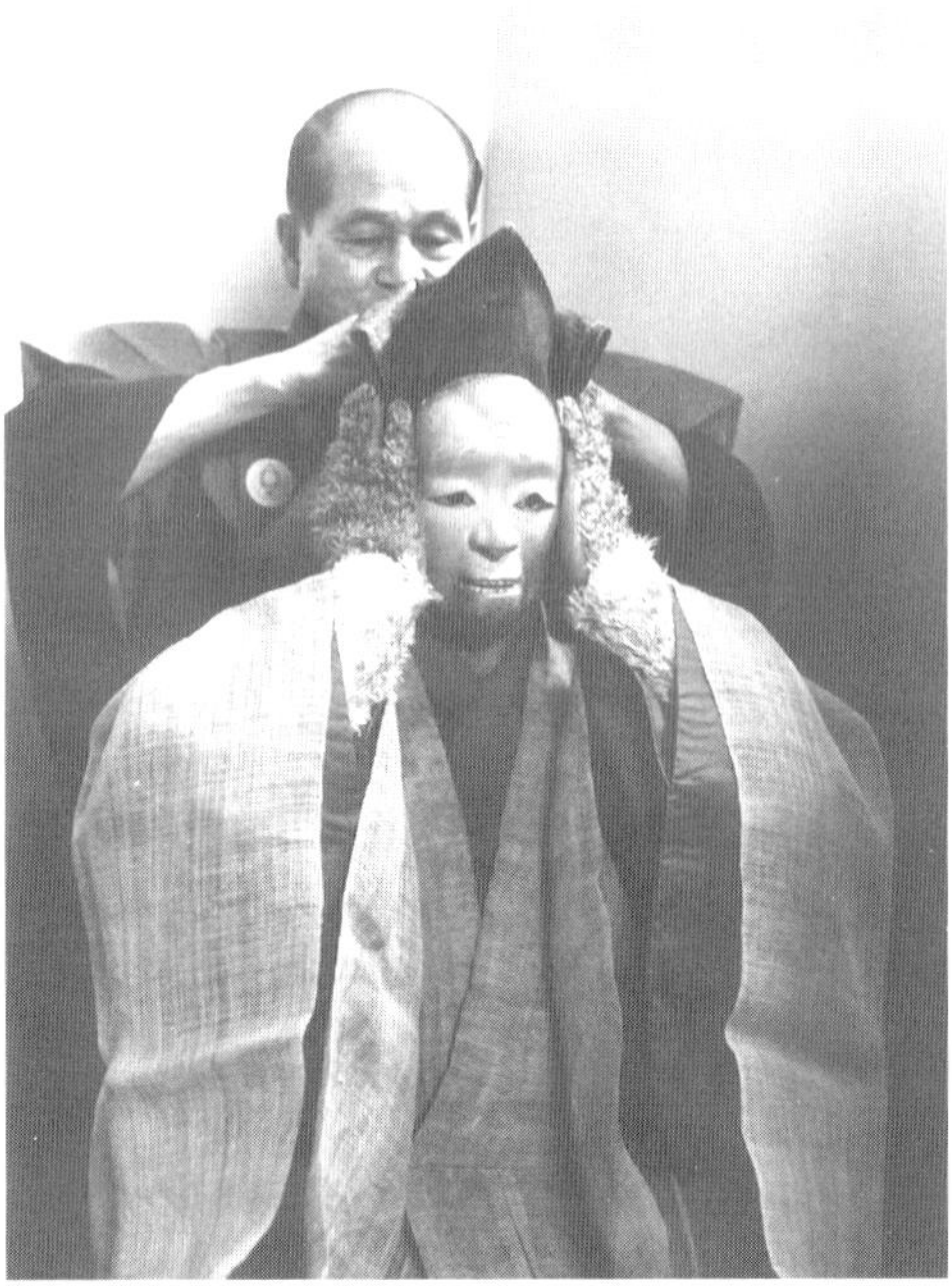
万作に白蔵主の面をつける父・万蔵　昭和52（1977）年

曲の至る所にある秘事は、みな洗練されていてすばらしく思えます。猟師が「ようおいでなされました！」と気合を入れて強く言うと、白蔵主は「パッ」と後ろ向きに屈んで消える。急に視界から失せた白蔵主を左右にと捜し、不思議に思って座すアドの演技は大変難しく、猟師役の為所《しどころ》です。白蔵主が方向を変える時に、竹杖に数珠をこすって音を出すのが大蔵流のすばら

『釣狐』狐・野村万作、猟師・野村万之介　昭和52(1977)年　撮影:安斎吉三郎

しい演出であり、私どもは数珠を持たないので大変うらやましく思うところです。白蔵主は若鼠の油揚げの餌に対し、「食いたいなあ!」と繰り返すのですが、私としては「貫いたいなあ!」そんな欲望にかられる数珠音の効果です。

連続公演

最初のころは演じるたびに、まだ到達点にたどり着けない自分がもどかしく思ってきた『釣狐』ですが、ある時点から道が開けてきて、思い切り演じ尽くした上で一度『釣狐』から離れ、「太郎冠者物」に戻ってみようと考えました。狂言二百五十四番のうち、一番数が多くてポピュラーな演目が「太郎冠者物」です。崇拝する父万蔵は太郎冠者役者と称されてもいました。

『釣狐』猟師・六世野村万蔵　昭和52(1977)年　撮影:安斎吉三郎

そして決断した連続公演が、昭和五十二(一九七七)年十月から十二月まで月一回の「釣狐を観る会」です。翌五十三(一九七八)年二月には、追加公演一回、他にNHKの録画撮りも行いました。父万蔵に稽古を付けてもらった際に、前から自分で考え、多少工夫した所作を演じてみました。後シテの狐が罠の餌に恐る恐る近づくところですが、両手を床に着けたまま、体を後方にできる限り引いて餌との距離感を出してみました。こうすると餌を見つめる格好がはっきりわかり、罠に至るまでの動きが大きく見えるのです。父はその工夫については何も文句を言わず、「前シテの白蔵主が、餌を、遠くから首をかしげてみる型は、本来家の型ではない」と教えてくれました。和泉流の実力者・藤江又喜のやり方を取り入れたというのです。『釣狐』の前場の型はすべて確立されていると思っていた私は、まだ演者の工夫が成り立つ余地があることを知りました。

初回の十月は、とても暑くて思うような演技ができなかったため。二、三回目はチケットに「暖房はありません」との断りを入れて、能楽堂の環境を演者寄りにしてもらい、暑苦しさを解消しました。二回目の公演は、父がアドの猟師を勤めてくれました。当時父は右ひざを強く痛めており、長時間正座しなければならない猟師役はかなりつらかったと思います。

そして、最初の『釣狐』連続公演から約十年後、五十六歳の時、昭和六十二(一九八七)年一月(国立能楽堂)、二月(宝生能楽堂)、九月(岩手・中尊寺)に再び「釣狐を観る会」を三回、翌六十三年一月(福岡)に一回演じました。初回の相手役・猟師は長男武司(後の萬斎)、二回目が兄万之丞(後の萬)、三回目は弟子の石田幸雄が初役で勤めました。

若いころ、相手役は兄万之丞がほとんどで、ほかに三宅右近、先代野村又三郎さんたちでした。十年も過ぎると、やはり「またやりたい」と挑む気持ちがわいてきます。相手役も替わり、若くなってきます。『釣狐』は、やりがいのある曲ですし、観客も観がいのある曲で、せっかく稽古をするからには回数を多くやりたい、大勢の人に見てもらいたいと思います。

この時は、とりわけ世界文化遺産・中尊寺の舞台が心に残っています。岩手・中尊寺は私にとって縁のあるお寺です。父万蔵が、寺の執事長で懇意のシテ方喜多流の佐々木実高さんに頼まれて私に命じ、寺の狂言方指導にあたらせました。大学を卒業したすぐ後、昭和三十年代初めごろの話です。以後、今日まで延々とわが家とお付き合いが続いています。

平成二十三（二〇一一）年には世界文化遺産に登録された、その広い境内の一角に白山神社能楽殿があります。深い杉の木立に囲まれた、古格ゆかしい野外の舞台です。国の重要文化財にも指定された舞台は、当然歴史が古く、寺の僧侶らで能楽のシテ方、三役（ワキ方、狂言方、囃子方）が家ごとに代々引き継がれています。恒例の旧盆八月十四日の薪能では毎年、私どもが出向いて狂言をします。勿論能は喜多流です。前記の佐々木実高さんの長男が喜多流職分の佐々木宗生さんで、中尊寺の能の指導者です。その長男が多門さんで、東京在住ですが父上の後を継いでいます。一時、寺は作家・今東光さんが貫主でしたが、当時は能があまり盛んではありませんでした。どうも今さんは余り能がお好きでなかったようです。

中尊寺での公演は「薪狂言」としていたしました。薪を燃やす中、鐘が六つ鳴って午後六時開演。「本当の狐と対峙しているように思えた」と観客の方から聞きました。

中尊寺の山に登ると、白蔵主みたいな僧侶がたくさん歩いているし、『釣狐』の演技中に貂《てん》が舞台の柱をヒューと登って行く。広島・厳島神社の舞台でも『釣狐』を演じた際、鹿が見に来ていて、海水が押し寄せてくると、逃げて行く風景がありました。野外でも周囲は厚い杉木立だし、舞台は盆の底のように少し低い場所に建てられているため、声はよく通る。自然の空気、雰囲気は室内のものと違う何かがあって、野外の狂言はとても素晴らしいものでした。

猟師は　罠の綱をほどきながら独りごつ
「いやかように餌に付いては　又参るものじゃ」
跳ね上がる罠のまん中に餌をすえる
餌は上々の若鼠の油揚げ
狐がせせったあとがなまなましい
猟師は　のばした綱の端をにぎってもの陰に隠れる
揚幕の内から　狐の叫ぶ声がする
魂を震かんとさせる　けだものの叫ぶ声
本能と知恵との相克に　叫びはほとばしる
首のまわりの毛をさかだて　牙をならし
〝釣狐〟の後シテが　幕の下から四つ足で走りでる
攻撃の姿勢で罠にむかっていく
もはや人間の言葉を話さず解さない
狐の頭上に　おぼろな月がかかる

「サヨウナラ　サヨウナラ」

阪本若葉子「おまえ28より」

ここで一つ私が考えた型の工夫を紹介したいと思います。狐は白蔵主に化けて橋掛かりから舞台へ出て「水鏡」をする型が普通です。「水鏡」は前を水面に見立て、うまく白蔵主に化けられたのか見るしぐさで、これを橋掛かりで演じるように変えたのです。幕から出た狐が出の次第を謡い、名宣《なのり》（※）をして、猟師の家まで歩きながら謡う「道行《みちゆき》」（※）となる。名宣の後に橋掛かりで勾欄《こうらん》の前、客席を水面として、自分の姿を映す所作を見せるように演じました。

能では『大原御幸《おはらごこう》』で、後シテが橋掛かりで「おぼろの清水……」と水を見る場面などもあり、狂言で演じてもおかしくはないだろうと考えました。能の演出を狂言に取り入れることは、より狂言を美しくしていこうという姿勢ですので、プラスと言うか、否定されることにはならないだろうと思ったのです。実は父万蔵も、ある時、次第、道行を橋掛かりでやったことがあり、父のノートに「若年にては勤むべからず」と書かれています。歳を取ったらばここで水鏡をやる方が楽なのです。それに演出的にも生きた所作と言えるのではないでしょうか。

※名宣…幕から登場した人物が自らの身分や名前、目的などを述べる、最初の台詞。
※道行…目的地に向かうため台詞や謡を発しながら舞台上を動き距離感を表わす。

演じ納め『釣狐』

長い狂言人生の中で、こだわりにこだわってきた『釣狐』に、ついに終止符を打つときがやってきました。平成五（一九九三）年十月五日から十一月九日まで東京、名古屋、大阪、熊本で計六回の演じ納め公演を催したのです。当時六十二歳、体力的に限界があり、この辺でと思ったのです。

構想はその一年前から練りました。ＮＨＫが「最後の狐に挑む」というドキュメンタリー番組（平成五年十一月放映）を撮りたいというので、「狐」に関係する各地を巡り歩いたのですが、その中で京都・龍源院の、屛風絵の右隻に白蔵主に化けた狐が描かれ、左隻に薄野に煌々と月が浮かんでいる絵が目を引きました。また、東京国立博物館に日本画家・下村観山作の「白狐」の絵があります。白狐の左側には薄の穂が描かれています。狐は神格化され、御稲荷さんとも呼ばれています。真っ白な狐で神通力がある、私はそんな老狐を演じてみたいと思いました。

そこで新しく薄野で月に吠える型や演出を工夫しました。狐が鳴くときは通常、左右に面を切って「クヮイ」とやりますが、萬斎（当時・武司）とも話し合い、結局、片膝で両手を握って胸のあたりにおき、月に向き、背伸びをするように頭を上に揚げ、首を軽く振りながら吠えるようにしたのです。もう一つは、後場の最後、単に猟師が追い込むのではなく、罠を狐が外した後、神通力を使って一の松で姿を消すという、隠れる演技をしました。猟師はそうとも知らずにそばを通って追いかけ、

『釣狐』白蔵主・野村万作　平成5（1993）年
撮影：森田拾史郎

先に幕に入ってしまう。狐はそれを見送って喜びの一声を上げ、幕にぐるっと回転して入る。つまり古塚に戻るのです。

狐は水藻を被ると化けられる。私たちの前シテの着付けは緑色で、一の松で水鏡をしたところに当然水がある意識が働くので、藻を被って消えるわけです。

常の狐面は口が開く釣顎で、カクカクと動きます。和泉流は一説によると、元来、それがないと言われますが、家には釣顎の面しかありませんでした。この際、口が開かない、神格を帯びた白い狐面の写しを新たに作り、前シテは九州・柳川の立花家の白い白蔵主面を借り、白い毛皮を新調しました。

演じ納めの『釣狐』六回のうち、初日の平成五（一九九三）年十月五日熊本市・熊本県立劇場、続いて二十二日東京・国立能楽堂、最終の十一月九日大阪・大槻能楽堂の会のみ、『白狐』の演式で試演しました。プログラムには『釣狐白狐』とはあえて書かず、ただ『釣狐』だけにしました。小書（特殊演出）を付けるのには、まだいろいろためらいがあったからです。熊本は仮設舞台なので、一、二、三の松に薄の穂を少しだけ付けて、秋らしい演出効果を高めました。

父万蔵の著書『狂言の道』に、大蔵流には『白式』、他の流では『白狐の伝』といって重く扱い、その際には白狐の面をつける、とあります。後に和泉流の『白狐』に関する古本があるところから出てきて、そこには別の演出が書いてありました。たとえば、後シテの狐がいったん幕に引っ込んでまた出て来るなどです。多分、野原を広く表現しようとしたのではと思います。私も試みたい演出です。

猟師の罠の仕掛けは、曲げた竹をさらにしならせ、ひき綱を張って重り（若鼠の油揚げ）を乗せるのですが、長い時間かかっても跳ね返ってどうしてもできず、別の人が作ったようなことも見ております。罠も大事にしていて、猟師が笛座（舞台向かって右後方）でクツログ（後ろを向いて座る）あいだに、後見が袱紗に入った罠を持ってきて、取り出して渡す。人に見せないのですから仰々しいものです。

面は長年、口が開く釣顎を使っていたので、こちらが好きであり、すごみが出ると思っています。鳴いた後で、「カタカタカタ…」と歯を鳴らすような所作があるのです。その後、口の開かない型のすばらしい狐面を手に入れたのですが、自分で使うことがないと思うと残念でなりません。

ＮＨＫは私の『釣狐』を三回収録しましたが、当時新宿区の大曲にあった観世会館で撮った映像が印象に残っています。二階席があり、そこから撮った、後シテが罠の餌を狙っている姿がとてもいい構図で映っていました。

『釣狐』を語る

私が『釣狐』を繰り返し上演してきたのは、初演のときに思うようにできなかったという思いが始まりでした。ですから、その直後にもう一遍やる気になったのです。その後も、まだうまくいかないところがあり、それを繰り返しして数が増えていったようなもので、この事は前にも書きました。それでも、やっているうち自信らしきものはついてきて、そこから自分の『釣狐』というものを模索し始めたのだと思います。父親に習ったことを一通りはできるようになり、またペース配分も自分なりにできるようになると、自分の『釣狐』を少しでも創り出したいという欲を持ち始めて、それが連続公演というようなものにつながっていったのだと思います。

ただ最初のころは苦しかった思い出がいくつかあります。ある時は登場の次第の謡で苦しくなったのですが、その苦しさというのはこれから先への重圧であり、それが非常なものになって面に手が掛かりそうな、面を取りたい心もちになったことがありました。一瞬、恐ろしい状況になったのでした。でもそうしたことは数を重ねるにつれて少なくなり、それほど苦しくなくやれるようになっていったような気がします。それは曲の序破急《じょはきゅう》のポイントが押さえられてきた、なんでもかでもあらゆるところで頑張っている必要が無いということや、本当に激しく動くことと激しく見えるように動くというのとは違うというようなことが、年とともにわかってきたということです。初演の時は二十歳代でやるわけですから、それなりの『釣狐』のやり方があるわけですし、それを習います。二十歳くらいの芸というのは若さの花ということが一つありますが、四十、さらに六十過ぎてやるとするならば、二十歳の『釣狐』とはだいぶ離れて良いわけですし、離れていくものだと思います。他の狂言でもそうですが、何度も繰り返すことによって中身がわかってうまくいくようになるものですから、『釣狐』もその例に漏れないということです。『釣狐』はもともとが老狐ですから、二十歳で老狐ができるはずもないわけで、若い狐になるに決まっています。それがだんだん年齢と共に、老狐になって本物に近づいていくような気が、私はしております。そこに『釣狐』を繰り返しやるという意味もあると思います。

またこのことは一方で、〝動〟の狂言であると思われがちな『釣狐』ですが、実は〝静〟が大事だということを発見することでもあるのです。簡単に言えば静かにしているところがあってはじめて鋭く動くところが生きるということでしょう。これは『三番叟』『奈須与市語』をはじめ多くの狂言に共通することですし、芸の本質に関係することでもあります。『奈須与市語』でも私は父から「お前の語りは速すぎる」と注意された時期があります。速すぎるということは、技術的に自信ができると習ったことをシャープにテキパキとやりすぎる。『奈須与市語』はテキパキとやるべきものなのですが、やりすぎるためにせわしないという注意なのです。三十、四十歳代位の時には狂言だけが持っているような、大らかさ、豊かさということをなかなか考えません。今の私は技がすべてと思っていた年齢から、簡素な表現を通しての豊かさ、優しさの方をより意識するようになったとも言うことができるでしょう。

袴狂言で再びのぞむ『釣狐』

今や、もう私のこの体力では『釣狐』はできそうもない気がしますが、やはり『釣狐』に対する思いはなかなか尽きません。たとえば我が家に猫がいたのですが、猫を見ていると後シテの狐の動きをすぐ頭に描くのです。ものを食べて満足したときの首の振り方、それから外の景色を実に静かに見ている静止した姿、そうかと思うとちょっとした音にもパッと反応する、みんな狐を連想させます。もちろん狂言は様式化したものですから、そのままとはいきませんが、後シテの写実的な狐ももう少し洗練される必要があろうし、などと諸々考えます。

装束を着けずに紋付袴で演じる能や狂言というのはあまりご覧になったことがないかと思いますが、能には袴能という形式があり夏にはよく装束を着けずに紋付袴で能が演じられたもので、また同

袴狂言『釣狐』白蔵主・野村万作　平成21(2009)年　撮影:政川慎治

じように舞囃子や仕舞という形式もあり、この場合能の一部を紋付袴で演じるのです。この装束を着けずに紋付袴で〝素〟で演じるということは、装束をつける常の能以上に演技の基礎が見え、深味を感じることがあります。

邦舞の世界でも、ある年齢に達した方が素踊りとして衣装をつけずに踊る、そこに芸の高まりを見せるということがあります。武原はん、藤間勘祖、藤間藤子といった方々の素踊りはすごく魅力的であったことを記憶しています。

こうした私自身が目にしてきた〝素〟での舞、所作、踊りというものの魅力を思うにつけ、狂言の世界からもあらたな試みを行ってもよいのではないかということを考えるようになってきました。もちろん狂言でも『住吉《すみよし》』(※)、『祐善《ゆうぜん》』『通円《つうえん》』(※)などの小舞は紋付袴でも存在感があるものだと思いますし、『水汲《みずくみ》』(※)や『清水座頭《きよみずざとう》』(※)など舞歌の要素が多い狂言は紋付袴で演じたことがあります。そうした自身の経験も踏まえたうえで、それならばやはり私がこだわってきた『釣狐』にはそのような価値があるのではないかと思うようになったのです。

このように考えるきっかけとなったのは能楽評論家で明治大学学長の土屋恵一郎さんと対談した際、『釣狐』の話になり、「いや、もう装束を着けてはできない」と言ったら、土屋さんが「袴でやったら」と言うのです。私は大事にしている大曲なのに「とんでもない」と思いましたが、その後、さまざまなことが頭に浮かんできました。その一つがシテ方観世流の名人、先代橋岡久太郎さんです。観世華雪さん、先代の梅若実さんと同世代で、畏友の観世寿夫さんも、久太郎先生と言って尊敬していた人です。

ある時、久太郎先生が『姨捨《おばすて》』の舞囃子を舞ったのを観ました。もちろん、舞囃子だから、装束を着けない紋付袴姿です。それでも、月に同化して遊ぶような捨てられた老女の世界が感じられとても素晴らしく、印象深いものでした。

素の姿は骨格がよく見える。技の根源がよく見えるのだから、基礎がしっかりしていて、表現力があれば、装束を着けなくても十分に観客に訴えられるはずだ、と考え方が変わっていったのです。むしろ、装束を着ている以上に高度な芸を要求されるであろうけれども、自信を持って演じれば、観客は想像力を働かせて、狐の白蔵主を、狐が化けたお坊さんなのだと、観てくれるのではないかと。この先人の例から、袴狂言を決断しました。

いま私自身演じる作品や役というのは徐々に狭まっていて、以前のように何でもやるというより、こういうものをこういう風にやっていきたいという年相応の曲や役ということを考えるようになっています。それには体力的、またエネルギー的にできない役が増えてきているということもあります。演じる役が狭まっていくなかで自分の芸をどうやって少しでも進め、また深めていったらよいのかという時に、いままでこだわって何度も演じてきた『釣狐』という曲に進歩はないのか、演じ方の深まりはないのかということが自分への問いかけとして出てきたのです。その答えとして、古格を守って演じてきた自分の『釣狐』の延長線上に、別な観点で見直した〝素〟の袴狂言『釣狐』を初心で演じてみたい、『釣狐』という曲にはその価値があるであろうという考えに至ったわけです。ただし後シテはぬいぐるみのものなので紋付袴ではできませんので、前シテだけをたとえば頭巾だけつけて、面はつけずに、袴狂言として演じてみようと考えました。これは見所《けんしょ》のお考えということになりますが、白蔵主の面がなくとも白蔵主に見えるかもしれません。そして、それが紋付袴で演じることの境地でもあると思います。

また演じる側の役に対する心境としても、以前は演者である私が白蔵主をはじめ役柄そのものを描写するということの、追求という思いでやってきたのですが、それも少し変わりつつあります。私はこのごろ演者に大切なこととは、役に対する愛情、優しさというものであるとよく話しています。加藤周一さんがかつて、私の公演のパンフレットに相通ずることを書いてくださったことがありました。それは、狂言の演技が観客に伝わるのは「演者がそこで対象を描写するから」ではなく、観客が「舞台のうえの主人公に感情移入するからであり、彼らが全身で感じている揺れや寒さを自分のこととして感じるからである」というものです。つまり大事なのは観客との共感であり、演者としても主人公との共感というものが大事であると、私は考えています。そうすることにより、紋付袴であろうとも、面がなかろうとも見所には白蔵主が見えるということになるのではないかと思っているのです。

袴狂言『釣狐前』は平成二十一（二〇〇九）年に「万作を観る会」で初めて勤め、翌年には広島・厳島神社の「万作・狂言十八選」でも演じました。平成二十六（二〇一四）年の舞台生活八十周年記念の会で袴狂言として演じた際には、演劇雑誌での山口宏子さん（朝日新聞記者）と河合祥一郎さん（東大教授）の対談で褒めていただき、最近（平成三十年）の国立能楽堂開場三十五周年記念の会でも所望されて演じましたが、太郎冠者のような狐であったとの感想がありました。人間的狐を感じ取ってくれたのでしょうか。

※『住吉』（狂言小舞謡）…住吉神社で船方に呼びかける内容の狂言小舞謡。小舞謡中の秘曲とされる。
※『祐善』『通円』（狂言）…ともに夢幻能の形式を模した舞狂言。『祐善』は細工下手のあまり「張り死《じに》」した祐善という傘張りがシテ。『通円』は能『頼政』のパロディで宇治橋の供養で茶の「立て死《じに》」した茶坊主がシテ。
※『水汲』（狂言）…野中の清水で水を汲みに来た新発意《しんぼち》（出家したばかりの僧）が若い娘（いちゃ）に小歌を謡い交わしながら言い寄る。
※『清水座頭』（狂言）…清水の観世音に参籠する座頭と瞽女《ごぜ》が、互いに盲目と知って酒をくみ交わす。

【花子《はなご》】

洛外に住む男。昔なじみの遊女の花子が上京したので逢いたいと手紙を寄こすが、妻の目が光っていてままならない。思案の結果、一夜の座禅を口実に妻の目を誤魔化すことを思いつく。身代わりの太郎冠者に座禅衾《ざぜんぶすま》を被せすり替わると、花子のもとへ飛んでゆく男。一方の妻は、座禅中の夫を見舞い、あまりに窮屈そうで気の毒だと衾を取り上げるが、そこに現れたのは太郎冠者。激怒した妻は太郎冠者とすり替わり、自分が衾をかぶって夫の帰りを待ち受ける。翌朝、夢見心地のまま帰宅した夫は、衾の中身がすり替わっていることに気づかず、小歌交じりに上機嫌で花子との逢瀬の一部始終を語って聞かせ、怒り心頭の妻に追い込まれる。

昭和五十八（一九八三）年九月、国立能楽堂落成記念で『花子』のシテ、洛外の男を演じました。『花子』は昭和三十五（一九六〇）年、私が結婚した一ヵ月後に披いたのですが、テーマは浮気話だから皮肉なものです。

『釣狐』に並ぶ秘曲で、通常、『釣狐』の後に披きます。国立の上演の時は、父万蔵から習った詞章に手を加え、直したところがあります。明るさや艶やかさをもっと表現したかったためです。叔父三

『花子』夫・野村万作、妻・石田幸雄　平成12(2000)年　撮影:吉越研

宅藤九郎の相手を何度か勤め、自分のノートには「三宅はこうやった」などと書き込み、あちらの方が丁寧だと思ったところは参考にして演じていました。

そのうち、もともと自分の家にあった言葉がカットされていたことがわかり、その部分を復活させました。花子の「御寝《ぎょしん》ならぬか」という言葉です。「御寝」とは「お休みなさい、寝ましょう」という意味で、それは品格にかかわるから削られたのだと思うのですが、この曲には大事な詞章なのです。父より習った詞章は「夜がほってと更けたによって、暫くまどろうだれば……」。古書では「夜がぼってと更けたれば、いざ御寝ならぬかとおしゃったほどに、暫くまどろうだれば……」とあります。

狂言の小謡でも、私が父から習った曲を弟子に教えていると、父から「お前、あんな曲を女性の弟子に教えるのか」と言われたりしました。今の女性は平気で謡っていますが、先生の方が「君、これやる？」と聞くこともあります。例えば『細《ほそ》布《ぬの》』という短い曲は女性が身につける布のことです。

「十七、八は竿《さお》に干いた細布、取りよりゃ愛し、たぐりよりゃ愛し、糸より細い腰を締むれば、いい～、たんとなを愛し」という詞章です。若い娘は可愛らしいということでしょうが、父が言うように、下品な感じの言葉は、カットしたり訂正したりした時代があったのです。

『花子』初演の時、早稲田大学の恩師・安藤常次郎先生が「これはある程度、男前の人がやらなくては」と言っていましたが、顔が不向きでも内心の男心が表現できればよいと思います。そこが抑制のきいた狂言らしい芸としての特質です。後半、逢瀬から戻ってくる夫が小謡を謡いながら橋掛かりに出るところは、大変難しい場面です。若い人だと、必死になって謡ってしまい、色っぽさが出ない。

声の良し悪しも関係があります。先代の茂山千作さんは「私は声が悪いから」と、自分に向いていないことを匂わせていました。ですが、千作さんのうまいのは言葉で、前半の花子が都まで来て「会いたい～、会いたい～」という手紙が来たという台詞で観客が笑いだす。テクニック的にもうまいし、人柄でもそれが成り立つ。出てきただけで幸せをまき散らし、愛嬌たっぷりで、独自の世界を作り出していました。

父万蔵の『花子』で一つ思い出があります。能面打ちでもあった父の師匠・下村清時の追善の会を父と兄弟弟子の入江美法さんが染井能楽堂で催した折のこと。私と祖父以来の古い弟子・佐野平六さんが後見を勤めていました。佐野さんは晩年、アド役でいい味を出した人です。『花子』の最後の、夫が太郎冠者だと思って被りを取ると、妻が現れてびっくりする際に、入れ歯を落としてしまったのですが、佐野さんは目が悪いし、私も近眼なので、何が落ちたかわかりませんでした。刀の小柄でも落ちたのかなと思ったけれど、刀は差していない。父は、逃げて行くのに邪魔だったので、後見座の方へ蹴っ飛ばし、それで入れ歯とわかりました。一曲の終わりでほんとうによかったと思います。

『花子』の中の太郎冠者

「まことに、これに付けてもさせまいものは宮仕えじゃ。あなたがよければこなたがわろし、こなたがよければあなたがわろし、中に立ってこのような迷惑なことはござらぬ」

これは、『武悪《ぶあく》』の中で、同輩の武悪を殺したと偽りの報告を主人にしなくてはならなくなったときの道行での太郎冠者の独白ですが、太郎冠者が当時の庶民の代表であることを表す典型的な台詞であるように思います。太郎冠者を演ずるということは、このような庶民の哀感を描くということで、

『花子』太郎冠者・野村万作、妻・石田幸雄　平成24(2012)年　撮影:政川慎治

そこに私はやりがいを感じます。同じパターンで太郎冠者が登場するのが『花子』です。

『花子』に出てくる太郎冠者は主人についたり、女房についたり揺れ動きます。非常に日和見的で従僕独特の性格がよく描かれています。太郎冠者が登場すると、それまでの重々しい雰囲気がからっと明るくなって、場面が普通の狂言に近くなります。やっていて面白い役です。しかも、ただ面白おかしくやるだけではなく、自分の用がなくなってもずっと舞台に座っているところがポイントです。

用事がなくなっても引っ込まずに居る、しかも何もせずに居るというのには大きな意味があると私は思います。狂言特有の〝居るけれど居ない〟存在です。

これは私たちの家の演出の特徴です。別の流派や同じ流派でも他の家のやり方では後半は引っ込んでしまいます。これは私たちの家では考えられません。何もなくても、座禅袞を被ってワキ座の方にいる女と主人（シテ）との間にただ居るという三角の構図が素敵なのであって、これがなくては普通の狂言と同じになってしまうと思うのです。

太郎冠者が〝居るけれど居ない〟意味はもう一つありそうです。

それは『花子』という大曲を、非常に弱い立場の人間である太郎冠者がただそこにいることで、ドラマとして支えているのです。これは後見の役割とも共通の面があるかもしれません。

大曲をやっているときに先生格の人が後見に座っていてぐっと舞台を見つめている……その存在が曲を支えることがあるのです。私が『釣狐』をやったときに後見だった父の姿を見て、後見の意味について面白い評価をしていた批評家がいました。師匠の顔と後見の顔、つまり、演者とのプライベートな顔と冷静な後見としての顔の両方覗くところが見ている人には大変に面白いと言うのです。

〝居るけれど居ない〟ことについては、このごろ萬斎が解説をするときに、「主人が物を言いつけたあと後ろに行って座っていて、太郎冠者が都なり鎌倉なりに行くために道行をしているときに『なんだ、あいつ邪魔っけだなあ』と思わないでください。居るけれど居ないと、頭の中で思ってください」と言っています。『花子』の太郎冠者はそれ以上の意味を持つ、〝居るけれど居ない〟存在であると言えるでしょう。

『花子』の太郎冠者は洒脱な人がやるといいと思います。女はシテと同じように位をもってきっちりとやれないと困りますが、太郎冠者の方は少し質が違う演技の人、また基本的には呼吸の合いにくい別派の人がやっても何とかなるのです。シテは前半、女に対しては愛人に会いに行きたいが故に猫を被っているので、ことさら位をもって重々しく喋ります。しかし太郎冠者を呼びだしたあたりから少しずつ劇が展開してテンポアップしていきます。それにしたがって、演技が重々しいものから普通の位に近づいていくのです。最後には「頼むから自分の替わりをしてくれ」と本音をいう相手が太郎冠者です。

足の痺れに耐え、舞台の真ん中でじっと動かず、行儀よく座っていなくてはならないことも含めて、『花子』の太郎冠者はとてもやりがいのある、いい役です。それに、奥方にご褒美に守り袋や巾着を縫ってやると言われて主人の側から女房の側にすぐに寝返ってしまうような人間的なところが太郎冠者の魅力でもあります。ちょうど、『木六駄《きろくだ》』(P.145)の主人の「足袋も切ってはかせい」の一言で極寒の中、牛を追っていくことを承知するのと似ています。

こんな人間味も太郎冠者を描く面白さなのです。

老人曲・一子相伝・風流

【枕物狂《まくらものぐるい》】

百歳を超えた祖父《おおじ》が近ごろ恋に悩むという。二人の孫はそれが事実なら叶えてやりたいと、祖父に真相を尋ねにいく。祖父は枕を結び付けた笹を手に現れ、物狂いのように恋の思いを謡い舞う。孫たちにしらを切っていた祖父だが、ついに秘めた恋の相手を告白する。孫たちは相談し、相手の乙御前を連れて来る。

平成三（一九九一）年十月、還暦記念の会で老人物の大曲『枕物狂』を披きました。

この曲は老いらくの恋をテーマにしており、初演の時の反省は、いかにも本気になって一所懸命演じたことでした。演技が真に迫っていたわけで、この曲はそれではいけないと考えました。やはりここは、お爺ちゃんが真剣になって女に惚れたのだと見せるより、もう少しゆとりを持って恋を楽しんでいる、飄々とした狂言の世界があっていいのではないかと。観客の「真に迫っていた」との感想があり、それを聞き、反省したのです。

大蔵流の茂山千五郎家はこの曲を得意にしていて、先年亡くなった千作さんを含め、三代の千作さ

『枕物狂』祖父・野村万作　平成17(2005)年
撮影:政川慎治

んの『枕物狂』を拝見していますが、本当に老人が飄々と現れて来て、恋に浮かれている感じが、とてもよく染み出ていました。父の祖父《おおじ》は、他の老醜を演ずるようないくつかの曲の延長で演じていましたが、叔父の三宅藤九郎は工夫して、歌舞伎風とでも言える、独自の世界を作り出していました。

リアリズムには限界があり、そのままズバリではなく、ワンクッション置く取り組み方が必要です。戯画化された、一種デフォルメした世界を描くわけですので、ゆとりなり、遊びなりの世界を作らなければならない。先々代の千作さんの「足摺りしてぞ泣きいたる……」で、両足をこすり、コロッと寝てしまうところは実に可愛らしい面白い演技でした。

【庵《いおり》の梅《うめ》】

梅が咲き匂う、お寮（老尼の愛称・シテ）の庵に、里の女たちが出の次第（囃子と謡）に乗って「雪間の風も春なるや……」と謡い、訪ねて来る。お寮は「世に遠く、逃れ果てぬる宿りにも、春だにくれば梅の花、人待ち顔に咲く故に……」と謡い、藁屋を出て迎える。女たちは和歌を詠み、短冊に記し、お寮は梅の枝に結ぶ。この後、持ってきた小竹筒《ささえ》の酒で酒盛りとなり、まず女たちが謡い舞う。お寮も貴人が女のもとへ忍んでゆくさまを描いた小舞『柴垣《しばがき》』をしっとりと舞う。「日も西に傾きました……」と女たちが暇を乞うと、お寮は土産に梅の枝をみなに一枝ずつ贈り、見送った後「眠蔵（寝所）にぐっすと入りけり」と藁屋に入り、片ひざをついて留めとなる。

『庵の梅』は『枕物狂』『比丘貞《びくさだ》』（※）とともに、狂言の三老曲の一つで、平成八（一九九六）年、六十五歳の時に初演し、これまでに四回演じました。早春の梅見の風情を描いた、女ばかりが登場する狂言唯一の曲で、寂しさが前提にあり、その風情は能でいえば、にぎやかな花見客が去った西行の庵に、老桜の精が現れ、静かな序の舞を舞う『西行桜《さいぎょうざくら》』に通じています。

初世橋岡久太郎さんという観世流シテ方の名人が、大蔵流・山本家の高井則安さんの『庵の梅』を

『庵の梅』お寮・野村万作　平成13(2001)年　撮影:政川慎治

観ていて、「とてもいいな」と思ったそうです。作り物の藁屋でポツンと老尼が座っている風情がとても良いと。久太郎さんは柔らかい自然さを褒めたのだと思います。自分の芸と共通したものを感じたのではないでしょうか。これは久太郎さんの長男久馬さんから、伝え聞いた話です。

この曲は能の要素が色濃く入っているので、狂言の芸格を作り上げてくれる、価値ある作品ではないかと思います。ただ、私たち演者には大切な作品ですが、観客にとって面白いというものではなく、鑑賞に堪えうるかどうか……。この風情本位の狂言を見せるのはなかなか難しいことです。

※『比丘貞』（狂言）…長寿で富貴の老尼が若者の烏帽子親を頼まれ、「庵太郎」「比丘貞」と名をつける。

【狸腹鼓《たぬきのはらつづみ》】

子を身籠もった雌狸が、行方知れずの夫を探そうと尼に化けて出かけると、狸を狙う猟師と鉢合わせる。尼姿の狸は釈迦の教えを引いて猟師を説き、猟を止めることを約束させる。これで安心と喜ぶ狸だが、途中犬に吠えられ、隠れたところを先程の猟師に見つかり、正体を見破られてしまう。いざ矢を射ようとする猟師に狸が懸命に命乞いをすると、腹鼓を打てば許すと言われる。狸は元の姿に戻り腹鼓を見せ、猟師もそれに興じる。

和泉流には一子相伝の秘曲『狸腹鼓』があります。家芸を受け継ぐことを相伝といい、一子相伝とはただ一人の後継にだけに伝えるという意味ですが、大切にし過ぎて相伝が途絶えた曲でもあります。現行二百五十四曲中、最上位にこの曲があります。私は、昭和六十一（一九八六）年、五十五歳で披きました。

これは国立能楽堂企画制作をしていた亡き油谷光雄君から演ってほしいと復曲を依頼されました。実は油谷君は早稲田の狂言サークルにいた人で、学生の時、和泉流にない『月見座頭《つきみざとう》』(P.125)の試演を私に提案した人です。学生時代に『宗論《しゅうろん》』を教えましたが、法華僧が「寝法華《ねぼっけ》致さう」と言って体を宙に浮かして横になる技がまことに見事で演技も上手でした。えらいと思ったのは、能楽堂に入った途端、私との師弟関係を閉ざし、純粋にプロデューサーとして他の演者と平等に私に対して振る舞ったことです。進歩的な思想の人で、暮れによく挨拶に来て共に酒を飲み、「六十過ぎたら、もう演者はだめだよ」と六十過ぎの私に対して厳しい発言をして帰ったものです。初期の国立能楽堂に貢献した人だと思います。

この曲は三宅藤九郎が先に復曲しました。猟師は腹鼓を真似た後、終曲ではまた弓矢をとって射殺そうとし、狸が逃げ、猟師が追い込む、という『釣狐』と同じような最後になります。私は同じ復曲でも違うようにしたいと考え、台本を劇作家、演出家・堂本正樹さんに作ってもらいました。油谷君

『狸腹鼓』前シテ・尼(上)、後シテ・狸(下)
野村万作　平成2(1990)年

が京都の古本屋で『狸』の笛の譜を見つけ、持っていたので、それを笛方森田流の松田弘之さんに吹いてもらい、同じ曲であるけれど、三宅とは違う作り方をしました。

旧来の台本はもともとあり、それを脚色して特に前半の狸が猟師と出会うまでを、堂本さんに念入りに書き込んでもらいました。いろいろな花尽くしの謡を作ってもらい、花をかきわけ夫を探す場面に猟師が現れて「射殺すぞ」と脅し、「許してくれ」と狸が命乞いするように劇が運ばれます。

私が復曲した『狸腹鼓』は、もともと台本にあるようにお腹に子供がいる設定にしました。腹鼓を打つのは狂言らしい世界で、お腹に子を宿して打つのだから、皮肉もあり、やさしく打つというところもあり、その辺の所作は新しい譜で演じるので、かなり考えながら作りました。

猟師に見つけられるシーンは、舞台に一畳台を出し、柴垣の作り物を置いて、狸の尼がその上で花を眺め、夫を探す所作をする。橋掛かりで尼から本物の狸に戻り、猟師に命乞いして腹鼓を見せ、そこに発見した笛の唱歌を使ったのです。狸に戻る早替わりも見せ場の一つです。

最後は腹鼓を漁師が真似て一緒に踊って和楽に終わる。狸は一回転して幕に入る。面は前半、後半とも同一の狸面を使います。観世流の梅若玄祥（現・実）さんの家に古い狸面があり、それを使わせて頂きました。またその本面の写しも作らせてもらい、今はそれを着けて演じています。

『狸腹鼓』は古くから存在しましたが、現行に近いのは、大蔵流では幕末の彦根藩主・井伊直弼肝入りの『彦根狸』、和泉流では加賀藩主による『加賀狸』が知られています。両曲とも『釣狐』を念頭に置いた作品のようです。腹に子がいる設定は『加賀狸』にあります。『彦根狸』は面も狸と尼の二面をつけ、鮮やかに替えなければならないから大変です。狸のぬいぐるみを着付けして、その上に尼の装束、頭には尼が使う花帽子をつける。頭から肩、胸までを覆うため、息が苦しい。その上に面をつけるのでさらに苦しいのです。

昔、金沢から上京した祖父・初世萬斎が母梅子に「教えておきたいのだけど、万蔵（父）も万介（後の三宅藤九郎）も教えてくれと言わない」と嘆いていたそうです。父からは「すでにがんで病床にあったので教えてほしいと言い出せなかった」と聞いています。祖父が二十歳のころに演じたとは想像もできませんでしたが、その記録があるのは驚くことです。『狸』は一子相伝として位は一番上ですが、作品としてはなんといっても『釣狐』の方が上であると思います。倅の萬斎は、平成三十（二〇一八）年に若くして亡くなった名古屋の藤田六郎兵衛さんの家に伝わる笛で、近年何度か演じています。

【風流《ふりゅう》】

『風流』は『翁』の中で狂言方が勤める特殊な形態で、極めて祝言性の高い催しで稀に演じられる、非常に珍しいもの。

平成二十三（二〇一一）年、私の傘寿記念の「万作を観る会」で『火打袋風流《ひうちぶくろふりゅう》』を上演しました。大変珍しいもので、『風流《ふりゅう》』という言葉自体初めてお聞きになる方が多いのではないかと思います。『風流』というのは『翁』（『式三番』）の中で『三番叟』と並んで狂言方が勤めるものなのですが、昔から大変目出たい催しに限って演じられてきたもので現在ではなかなか上演されることはありません。私もこれまで自分の会で出したことはありませんでしたが、私の傘寿を〝目出たい〟ものとさせて頂いて『風流』の中でも殊に賑やかな『火打袋風流』を出すことにし、金剛永謹さん（金剛流家元）の翁で私が『風流』のシテ・火打袋、萬斎が三番叟、孫の裕基がこの『翁』で千歳《せんざい》（※）を披きました。

この『火打袋風流』がどのくらい上演されることがなかったかと申しますと、一番最近の上演記録がどうやら江戸時代に遡るということでおわかり頂けると思います。『三番叟』の特殊な演式のひとつに『子宝《こだから》』というものがあり、そこでは黒式尉が子を十人持っていてその子供たちの名前が「おとよ、けさよ、だんだら、いなごに、たつまつ、いぬまつ、かいつく、ひっつく、すいつく、火打袋

『翁　火打袋風流』火打袋・野村万作、三番叟・野村萬斎　平成23(2011)年　撮影:政川慎治

と付けて候」ということになっています。恐らくこの『子宝』が基になっていると思われるのですが、『火打袋風流』では『三番叟』の鈴之段を中断するかたちでこの十人の子供たちが実際に登場します。ただ一人だけ遅れて出て来る子供があり、それが『風流』のシテである火打袋なのです。火打袋は何故遅れたかと問われて火打権現に参拝していて遅れた、こういう時に全員が一緒に揃うのは目出たくなくて一人遅れるのが目出たい、などと理屈を言うのです。そして三番叟と共に鈴之段を舞い、最後は『風流』のシテの舞で『翁』が締めくくられるのです。

昔から『風流』というのはその都度かなり演出を考えて演じられていたようで、十人の子供たち(男五人、女五人)の面や装束も様々な演式があり得ます。たとえば女は全員面をつけて、それは乙《おと》でも良いし小面《こおもて》でも良いとされています。男は面をつけなくても良いし、面をつけるときには能面の童子や中将をつける、などといった具合でどのようなやり方にするかかなり自由な幅があるのです。舞台上には『翁』のシテ方の地謡、囃子方、三番叟に千歳、それに十人の子供たちがところ狭しと並びますので、見所から舞台上に様々な装束で居並ぶ姿をご覧になるだけでも彩りも面白く、ちょっとしたファッションショーとでも言えるような大変賑やかなものになります。

風流では『大黒風流《だいこくふりゅう》』を演じたこともありますが、これも大黒と鼠が多数出る賑やかなものです。

これらの風流上演の時には研究家の小田幸子さんに協力していただきました。

※千歳…『翁』で、翁大夫に先立って登場し、露払いの舞を舞う役。観世流・宝生流ではシテ方が、金春流・金剛流・喜多流の『翁』では面箱持ちを兼ねて狂言方が勤める。

第三章　万作狂言名作選

平成十九（二〇〇七）年に「万作・狂言十八選」という企画公演をはじめ、東京及び各地で名作を十八曲演じました。自分が得意としている十八番ではなく、観客も感動でき、和楽の世界が描かれている上質の狂言を選んだのですが、ここでもそのような狂言の名作をあげて、私の気持ちを語ってみようと思います。先ずはめでたい『末広かり』から。

【末広《すえひろ》かり】

果報者が来客に末広がりを贈ろうと、太郎冠者に命じて都へ買いに行かせるが、太郎冠者は言葉巧みなすっぱ（詐欺師）に、古傘を末広がりとして売りつけられる。早速屋敷に戻った太郎冠者が古傘を見せると、果報者は「末広がりとは扇のこと」と叱りつける。果報者の機嫌を直そうと、太郎冠者はすっぱに教えられた囃子物を謡い出す。やがて果報者も囃子物の調子に乗って浮かれ出し、和やかに終わる。

『末広かり』は末が広がるという祝言性があって正月や目出たい時によく演じます。能会での狂言の選曲は自分がすることが多いのですが、高齢になると、演目に制限ができ、レパートリーが狭くなります。その中でいい作品をと思うと、『末広かり』が入ってくるのです。

天下が治まり平和な世の中になって、幸せな人間がシテの果報者なのです。舞台の目出たい空気が客席にしみ渡っていけば、上等な狂言の世界になるのではないかと思っています。私が二十代で演じた時、父が楽屋で聞いていて「神経質な果報者だねえ」と呟いたそうで、あれからはるばる来たものだなと思います。

『末広かり』は囃子も入って「和楽」の世界を作り出し、ドラマチックではないけれど、シンプルな目出たさがある曲です。叱られた冠者が主人に「扇なら扇と初手から言うたがようござる」とその落ち度をチクッと言い反発する。冠者の反発には理があり、主人、家来ともそれぞれ長短があって相和しているのが素敵なところです。果報者も単なる権威主義でなく、人間の人生修業がその表現につながるのではないでしょうか。

若い時、父の果報者相手に冠者がご機嫌を結ぶ囃子物を何度も繰り返しやらされました。回数が決まっていませんので「こいつ、しごいてやろう」ということだったのでしょうが、稽古にもなりました。

父は名宣《なのり》、道行《みちゆき》でその役をきっちりと表現しなくてはいけないとよく申していましたが、この曲のシテは果報者という役名で大名役とほぼ同じ位があり、その上に目出たさや幸福感を表現しなければなりません。私どもの名宣は「大果報の者、天下治り目出たい御代なれば、上々のおことは申し上ぐるに及ばす、下々までも存ずるままの目出たいお正月でござる」という詞です。「目出たいお正月」でいかにもそのような雰囲気を発散するのですが、どちらかというと「目出たい」に力点を置くのが茂山さん、「お正月」を強調するのが私どもの抑揚です。これは異流の共演で、先代千作さんの果報者で太郎冠者を何度もしましたので印象に残っています。

とにかく名宣は序破急をつけた登場の運び足に続く一曲のスタートですからその狂言の曲是《きょくぜ》というものを明確に表現しなければなりません。

太郎冠者もシテ以上に為所も多く体力もいる役で、若い時から随分演じてきました。勉強になる役柄です。

尚、曲名は「末広かり」と書きますが発音する時は「がり」と濁ります。

『末広かり』果報者・野村万作　平成18(2006)年
撮影:政川慎治

【萩大名《はぎだいみょう》】

近々都から帰国することになった田舎大名が、太郎冠者の案内で、ある庭園に萩の花見に出かける。風流者の亭主は来客に必ず一首所望するので、太郎冠者は歌を詠んだことのない大名に「七重八重　九重とこそ思ひしに　十重咲きいづる　萩の花かな」という聞き覚えの歌を教え、七・八・九などの数字を扇の骨の数で示し、「萩の花」では自分の脛はぎ(足のすね)を見せてヒントを出すことにする。見事な庭を楽しんだ後いよいよ歌を詠むことになるが、大名は亭主にトンチンカンなことばかり言い、たまりかねた太郎冠者は立ち去ってしまう。一人残された大名は歌の最後の句を思い出せず、苦し紛れに「太郎冠者の向こうずね」と口走り、恥をかく。

何といってもこの曲の魅力はわかりやすい筋書きでしょう。歌を覚えられない大名と太郎冠者のやりとりは大変良く出来ていて、観客の皆様に喜ばれるという点では数多くの曲の中でも十本の指に入ると思います。

『萩大名』の大名は歌を覚えられず茶屋の前で恥をかくわけですが、この大名は決して馬鹿な大名なのではなく、歌を詠むということを知らない、風流を知らないところがあるというだけなのだ、と

『萩大名』大名・野村万作、太郎冠者・深田博治
平成13(2001)年　撮影:政川慎治

いうのが私たちの考えです。つまり大名として鷹揚な構えがないといけないのです。

物覚えの悪い無風流な田舎大名として滑稽な部分を強調しすぎると、やはりただの愚鈍な大名に堕してしまいます。一方、いわゆる技巧、演技の巧さだけではこの大名らしいおおらかさ、無邪気さを出すことはできません。特に若い時分は習った技術を忠実にやろうとしますから技巧的にならざるを得ませんが、技巧的になるということは本人が意識していなくても演技が神経質になるということに繋がるのかもしれません。だいたい狂言の大名というのは神経質とは無縁な役柄です。技術を超えたところにある大名らしさというものは、その役者自身の持ち前の人柄によって醸し出されるもののように思われます。これは『萩大名』に限らず他の大名にも通じることですが、これがやれる人はそういないのです。年齢や柄で大名らしさを出すのはなかなか難しいのです。

これが出来た大名と言うと、一つは私の父、六世万蔵の大名。父はとても洒落好きで、人に愛される人柄でしたし、自分でも役者は人に愛されなくっちゃいけない、ということを信念のように言っておりました。そんな人柄が滲み出る大名で『萩大名』をやると舞台全体がそのおおらかさ、無邪気さといった大名物らしい雰囲気に覆われるのです。

父の『萩大名』については七十のころだと思いますが、叔父の三宅藤九郎が、兄貴の『萩大名』はとても良いと聞いたから、とわざわざ楽屋から観に来たことがありました。若い時分ならまだしも、普通はある程度の年齢になって自分の出演が無い舞台を観に来るということはなかなかないものですが、それだけよい大名だったのでしょうし、叔父の研究心も印象に残りました。数年前の『能楽タイムズ』で竹本幹夫さん（早稲田大学名誉教授）と対談しましたが、「高校生時代に父の『萩大名』に感銘を受けた。能の直後でガヤガヤしていた見所が大名の名宣でたちまち舞台に引きつけられた」と言っていました。

また大蔵流の故四世茂山千作さんの大名。こちらも弟の故千之丞さんが、「兄貴の代表作は『萩大名』だと思う、兄貴のような『萩大名』の大名なんて古今東西いない」と言っておられますが、こちらも何をなさっても非常に人から好かれる個性の持ち主で、そこから滲み出る気分は千之丞さんの言葉を借りれば「天真爛漫」「コミカル」で愛嬌たっぷりの大名と言ったところでしょう。

この二人の例で同じく言えることは、それぞれの人柄、個性が醸し出す雰囲気で舞台全体を覆い尽くしてしまう力を持っているということ。そしてその気分がまことにこの大名にあっているということだと思います。

もう一例は、ＮＨＫの企画で異流共演した時のことが大変印象に残っている、晩年の大蔵彌右衛門さんの大名です。太郎冠者を先代千作さん、私が茶屋の亭主という配役でしたが、千作さんの太郎冠者を従えた彌右衛門さんの大名は巧まず、素朴に真っ直ぐに演じているのですが、それがいかにもおおらかに構えた大名らしく、恰幅のよい姿と相まって味わい深いものでした。千作さんの太郎冠者も私どものようにアド役（相手役）という一歩引いた演じ方と違って、自己主張の強い太郎冠者で曲を盛り上げていて、このときは異流の三人で大変良い舞台ができたとの思い出があります。家元という立場から異流共演などほとんどなさらなかった大蔵さんも大変喜んでおられました。

最後に、晩年の弟、万之介です。もともと背が高く大名の風格はありましたが、そこに枯れた感じが加わって巧んだところのない亡父譲りの良い『萩大名』をやっていました。

このような役者の味、醸し出す雰囲気は大名に限ったことではありません。この茶屋の亭主は綺麗な庭を持った裕福な風流人という風情ですが、昔、名古屋・狂言共同社の佐藤卯三郎さんという方の茶屋役に風流人らしい、技巧を超えた風情を感じたことがあります。

こうした役者の人柄が醸し出す気分が大名らしさや茶屋らしさに重なり、いかにものどかな風情が漂う舞台になれば、とても良い上質の狂言と言うことができましょう。

【節分《せつぶん》】

節分の夜、出雲大社へ年取りに出かけた夫の留守中に女が一人でいるところへ、蓬莱《ほうらい》の島から来た鬼が現れる。美しい女に心を奪われた鬼は、蓬莱の島に流行る小歌を謡いつ舞いつ言い寄るが、女が一向になびかないので泣き出してしまう。その様子を見た女は、鬼に心を許したと見せかけ様々な宝物を取り上げる。その気になった鬼が女の家で横になると、豆まきを始めた女に追い出される。

私どもの家では『節分』は『釣狐』を披く前に必ずやる曲という位置づけになっています。なぜ『釣狐』の前かということを考えてみますと、面をつけて何者かに扮することの修練ということが言えると思います。武悪の面をつけ、鬼頭巾をかぶり、杖をつき、蓬莱の島の鬼に扮して一曲を通さなければなりません。技術的、体力的にも一人で謡って舞う、杖を持って舞い動くというのは狐に通じる修練となります。鬼の懸命さと演者の懸命さが重なるようにも思えます。

その舞の中には、一か所だけ『釣狐』と同じ特徴的な型が入っています。杖を抱えて回りながら跳躍し、屈んだ姿勢で目付柱に小走りで寄って行くような型ですが、そういうところも『釣狐』の前段階とされる所以でしょう。

『節分』で使う武悪《ぶあく》という面は狂言面のなかでも傑作が多いと言えると思います。能面はテラす（上を向く）、クモらす（下を向く）ことによって表情が変わると言いますが、それが顕著に出るのが武悪面だと思います。良い武悪面は抽象的な言い方ですが、とても深みがあり、かなり怖い表情かと思うと、情けない表情にも、笑いの表情にもなるのです。『節分』の鬼は鬼らしい怖さ、ものに怯える小心さ、女に言い寄る好色さ、一向に相手にされない惨めさなどいろいろな感情を舞歌の演技を通して見せるわけですが、この武悪面の持つ深みをいかに使いこなせるか、演者の技量が問われます。

『節分』鬼・野村万作、女・高野和憲　平成28（2016）年
撮影：政川慎治

演技の後半、女への想いがなかなか実らない悲しさを鬼は、「しめじめと降る雨も、西が晴るれば、止むものを、なにとてか我が恋の、晴れやることの、なかるろ」と謡って泣きます。この場面で鬼は西の空を眺める態《てい》で名宣座から脇正面側へはすを向いて遠くを見上げます。『節分』一曲を象徴するようなシーンですが、武悪

の面がとても悲しげで情けない表情を見せる瞬間でもあります。

少し話はそれますが、狂言ではこのはすを向いて遠くを見上げてシテが想いを独白するという演技が一曲の大事な場面で出てくることが他にもあります。『無布施経《ふせないきょう》』ではお布施を催促に戻った僧が「布施」という言葉にかけた教化のなかで「不晴《ふせい》とは晴れやらざる時と書く」と説きながら、はす上を向いて「晴れやらぬ時じゃまで」と自分の気分が滅入っていることを述懐します。人間の心の襞の描き方として狂言の特質とも言える演技だと思います。

また、狂言歌謡の豊富さから言うと、多くの狂言の中で『節分』が一番ではないかと思います。次第、道行から始まり、独白的な謡も含めると実に小歌が十一か所。すべて一人で謡い舞います。冒頭でも述べましたが、装束、面をつけてこれをやるのは非常に体力がいることです。私はもう随分前からやっていません。

『節分』という曲は鬼が柊で目を突いてしまったり、女を口説く鬼の好色さが描かれたり、挙げ句、宝を取られて豆をぶつけられて追い出される逆転のさまなど、鬼に人間の愚かさを投影しているようで、どこか民話的な面白さがある曲です。ただ和泉流の特質としてそのような面白さを描くのにも、写実より様式、つまり舞歌を中心にすえた演技で描こうとする洗練があるように思います。特に若い時分は修練の意味もあり、その舞歌を中心に教わるわけですが、なかなかその演技の精神がこの曲の本来持つ中身の面白さまで到達し難いということが言えるように思います。そこは年を取ってくると到達し得るところがあるのですが、一方で『節分』のような曲は体力的に肉体がそれを許さないというところがあります。そういう意味で父や叔父を思い出しても、和泉流らしい良さが出た『節分』というのは見たことがありません。

しかし体力的な所で終わっていてはつまらないはずで、私ぐらいの年になればそれを乗り越えるためには紋付袴でやるなど、もうワンステップ飛躍できるかどうかを試してみるということは悪いことではないかもしれません。紋付袴という素の姿でも、この鬼のありさまと面白さが描き得るのではないかと、夢がふくらみます。

【見物左衛門《けんぶつざえもん》（深草祭《ふかくさまつり》・花見《はなみ》）】

『深草祭』は見物左衛門（シテ）が深草祭を見に出かけ、まだ時刻が早いので、近くの九条の古御所（平安初期の藤原師輔の旧邸）を見物。厩の馬や座敷の押し絵、墨絵などを鑑賞した後、馬場へ行き、乗り手が落馬したので高笑い。相撲を取っている場所では人垣をかき分け、自ら相撲を取って最初は勝つ。二番目には負けてしまい、「もう一番取ろう」と、勝った相手を追いかける。『花見』は、見物左衛門が清水の桜を見に出かけ、持参の小竹筒の酒を飲み、福右衛門殿から酌をされ、望まれて「地主の桜は……」の小謡を謡う。さらに太秦や嵐山を訪ね小舞を舞い、石を投げられ、喧嘩もするが、柿本渋四郎左衛門との対話となり、さらに花見に誘われるが、日が暮れ疲れたので、「さらばさらば」と帰る。

『見物左衛門　深草祭』野村万作　撮影:吉越研

『見物左衛門』は、シテが言葉と仕草で見物した情景などを描写する、独りの狂言で、五十歳を超えたころからよく演じてきました。江戸中期、野村家を抱えた金沢藩十代藩主・前田重教の好みで演じることになった曲と伝えられ、『深草祭』『花見』の二つの異なった台本があります。近年はそれを小書（特殊演出）のように表記して演じています。和泉流の番外曲です。

深草祭は京都市伏見区深草の藤森神社の五月五日の例祭で、武者行列が出るので知られています。『深草祭』には終わり方に二通りあります。通常は自分を負かした相手を「やるまいぞ」と追いかける。もう一つは、自分が負けて起き上がり、「南無相撲、ご退散」と言い、見物人がみんな去ってしまったので、「また明年参ろう」と言って終わる。一人でしゃべるわけですから、各場面と、それを作っていく間合いが、さまざまに考えられます。喧嘩の相手の描写、落馬の場でもいろいろな表現が入っているので難しく、ベテランがやる狂言です。亡父は『深草祭』の方を好んでよく演じていました。このような独り狂言は個性がむき出しにされるので素人弟子などでよい味を出す人がいるものです。父のお弟子でこの曲が上手な人がいましたが、その方は酒席での艶っぽい余興も得意な方でした。

『花見』の終わりには『花子』の謡の「名残の袖をふり切りて」の一節が入り「さらばさらば」と静かに留める情緒に風情が感じられます。

【金岡《かなおか》】

絵師・金岡が洛外をさまよい歩いていると聞き、妻が探しに行くと、金岡が乱心の態で謡いながらやってくる。事情を聞く妻に金岡は、絵を描きに宮中へ上がった折出会った美しい上臈（女中）の面影が忘れられないと言う。妻は呆れながらも、妻の顔に得意の技で彩色し、かの上臈に似せてみては、と勧める。金岡は早速絵筆をとり、二本の筆で妻の顔に化粧を施すが、どうしても想う上臈には似ず、ついには妻を突き飛ばし、怒った妻に追い込まれる。

『金岡』金岡・野村万作、妻・石田幸雄
平成24(2012)年　撮影:政川慎治

『金岡』は『釣狐』『花子』に次ぐ重い曲で、『花子』の前に演じることになっています。私は二十六歳の時、この曲を披きましたが、高齢になってからもよく演じています。

巨勢金岡《こせのかなおか》は平安前期の著名な宮廷絵師で、最後は大納言の位にあったとされています。金岡の出は、繊細優美な小謡で、難しい節になっています。自分が見初めた美しい御殿女中とのきっかけを妻に話す時、「必ず腹をお立ちゃるなや」と言ってからしゃべる。その情景をただしゃべるのではなく、いかにも彷彿とさせるように、少し所作を細かくやってみようとの思いがあって試みてもいます。

妻の顔に赤と白の絵の具を塗る。右手に白と赤の二本の絵筆をとり、頬を白く、白粉のように描いて、その中に紅に見立てた赤い丸を付け、女から少し離れて様子を見、「あ、、だめだ」と首を振り、今度は反対側の頬に同じように塗る。鼻筋をシュッと白く、口の下も赤で塗って変な顔に描く。これらを右の片手だけで、二本の絵筆が触らないよう操作するのでとても難しく、師にしっかり習わないとできません。

最後は筆を捨てて「許してくれい」と逃げるのですが、最近は持ったまま、妻に追われて幕に入っています。なぜかというと、舞台の床が絵の具の油で汚れるからです。小書（特殊演出）の「大納言」（替ノ型）になるとカケリ（※）という囃子が入り、「物狂い」が強調されます。「大納言」は翁烏帽子に指貫という能的な扮装で重い位になります。

※カケリ…舞の中でも、何かに心を奪われ興奮状態で活発に動く所作のこと。笛・小鼓・大鼓の囃子が入る。

【舟渡聟《ふなわたしむこ》】

京都から琵琶湖畔の矢橋《やばせ》へ、妻の実家に初めて挨拶に向かう聟が、大津松本から渡し舟に乗る。聟の持つ手土産の酒樽に目を付けた酒好きの船頭は、是非一献と所望する。断ると舟を激しく揺らしたり漕ぐのをやめたりするので、聟は仕方なく酒を飲ませ、軽くなった酒樽を持って舅宅へ出向く。やがて外出していた舅が帰宅するが、物陰から聟の顔を見てびっくり仰天。舅こそが先程の船頭だったのだ。姑に叱られた舅は髭を剃り、顔を隠して聟と対面するが、祝いの酒を交わすうち気づかれてしまう。面目を失う舅だが聟と和解し、二人の和楽の謡で終曲となる。

『舟渡聟』の船頭は、近年最も多く演じている役です。聟の失敗談というのはいくつもあり、その流れの一つとして『舟渡聟』があるのですが、和泉流は後世にできたためか、筋が近代的な展開になっています。

大蔵流では船頭と舅は別人で、聟は空樽を舅に見つかり、逃げ込む。古風な作り方の大蔵流の終わり方に対し、和泉流は舞歌を入れて美しく昇華させており、これが流儀の特質の一つと言えます。私は聟の役も何度も演じていますが、それは父万蔵が船頭、舅役を得意としていたためで、ある年齢になると、ふさわしい役どころといえます。だから今は萬斎をはじめ弟子や孫の裕基などの聟を相手に、しばしば舅役を勤めているわけです。

若いころは、聟役専門に演じていましたが、ある時、船頭、舅役を素人弟子に教えることになりました。ところが、聟は舟に乗ると、真正面を向いて座るため、後ろにいる船頭の動きは見えないのです。まだ習っている年齢でもなかったので、わざわざ父から船頭の稽古を付けてもらった覚えがあります。父は洒脱な芸の人でしたので、舟から降りて船頭が聟と別れた後、橋掛かりの「狂言（アイ）座」（後見座近く）で胡坐をかいて座っている場で、コックリ、コックリと居眠りする演技をしていました。これは父のアドリブ的な型ですが、近ごろ、私も真似して時々やっています。

『舟渡聟』で私が最も好きなのは最後の謡です。同じ謡が『伊文字《いもじ》』（※）でも使われています。意味は少し難しいのですが、別れの歌という感じです。

聟が別れを告げ、「……あの日を御覧ぜ」と目付柱の上を見上げ、舅が「山の端にかかった」と日没の様子を謡う。聟が「めいめいざらり」と謡う。その詞は、それぞれが別れて行くことを意味してます。二人でさらに「ざらりざらりと、梅はほろりと落つるとも、鞠は枝に留まった」。たぶん蹴鞠の鞠ではないか、名残惜しいことを枝に留まった、と言っているように思います。「留まった留まった、留まり留まり留まった」と、二人は扇を開き舞い、「トットット、イヤア」と掛け声をかけ、向かい合って終わる（ガッシ留）。夕日を見て、何か情緒のある雰囲気が最後に浮かび上がる、とてもよくできた曲です。

昭和三十二（一九五七）年、「冠者会」で狂言様式を取り入れた『楢山節考《ならやまぶしこう》』(P.152)（深沢七郎作）を上演した際、この別れの謡を取り入れました。私の役は山に捨てられたおりんばあさん。山の雪に埋もれた態でおりんに白い小袖をかぶせ、それを鳥が取る。そこから彼女の回想場面に入り、「めいめいざらり、ざらりざらり」との謡が謡われ、子供たちがおりんを取り巻いて踊る。童謡風でもあり、とてもペーソスのある節付けになっています。

『舟渡聟』船頭・野村万作、聟・野村萬斎　平成29(2017)年　撮影:政川慎治

『舟渡聟』では、大髭をそって袖で顔を隠し

た舅が、聟と対面する場面も面白い。初めは「酒の匂いを嗅いでも酔いまする」と言って飲まないが、聟が飲むのをうらやましそうに見る演技が、父はうまかった。時には一緒に飲む真似をして、舌鼓を打つことまでしていました。

聟は「あれは、最前の船頭じゃ」と舅の変装を見破る。そこから能がかりの七五調の謡になり、聟は「いかにやいかに舅殿、何しに髭をそったぞ」と問う。舅は「南無三宝あらわれた、今は何をかつつむべき矢橋の舟をかぶらかいて、酒を飲うだゆえなり」と答える。この後、和解して、最初にある別れの謡が続くのです。

※『伊文字』（狂言）…和歌の下の句を思い出すため、主と太郎冠者は「歌関」を設け、往来の者に句を継がせようとする。

【川上《かわかみ》】

吉野の里に住む夫婦。十年前に盲目となった夫は、霊験あらたかという川上の地蔵に参詣する。参詣の甲斐あり早速目が明くが、地蔵のお告げには「連れ添う妻が悪縁ゆえ離別せよ」という条件があった。それを聞いた妻は腹を立て、地蔵をののしり、夫が盲目に戻ろうとも絶対に別れないと言い張る。夫が離縁を諦め二人で帰途に就くと、夫の目が痛み出し再び盲目になる。夫婦は涙にくれるが、「のう愛しい人こちへござれ」「手を引いてたもれ」と手を取り合って終曲となる。

まだ狂言の笑いというものがあまり高く評価されていなかったころ、二十歳代の私は、ある雑誌の中で「我々には『川上』という曲があるのだ」ということを強く主張したのを思い出します。目を患って長年盲目である男（シテ）は、ある日霊験あらたかな川上の地蔵菩薩のご霊夢をうけて目が見えるようになるものの、地蔵菩薩の宣託の条件として示された妻との離縁をせずに、再び盲目になってしまう。このおよそふつうの狂言とは趣を異にする『川上』は、同じく悲劇的な要素をもつ曲として大蔵流の『月見座頭』とならんで、狂言のなかの傑作と言えるでしょう。

私が父からこの『川上』を習ったのは二十歳代。年齢習いと言って普通若いうちにはやらない曲な

『川上』盲目の夫・野村万作(左)　妻・野村萬斎(右)　平成15(2003)年　撮影:政川慎治

のですが、私は二十歳代でやらせてもらう機会を得ました。父から習った私どもの家のやりかたというのは、年齢習いとしての演技の様式性、重さを土台としてシテの悲劇を強調していくというものでした。以来、何十回となく演じています。

今、八十歳を過ぎて演じる『川上』は、そういう若いころの『川上』観というものからはちょっと離れたところに居るように思います。

ひとつは『川上』も二百五十四番の狂言のうちの一つなのだという意識です。必ずしも悲しい場面ばかりで彩られているわけではありませんし、おかしみや軽みもその中にはあるわけです。

若い時分の修業の過程では、そういう要素は抑え込んで様式を重んじて演じるわけですが、年をとると曲が本来もっているおかしみや軽みを素直に演ずるようになるわけです。そしてそれが観ている方々の心の中に自然に入って行くという結果になるのだと思います。

もうひとつは外国でやることを通して、曲に対する考え方が具体的になってきたということです。『茸《くさびら》』（※）や『棒縛《ぼうしばり》』（※）は動きが面白いので言葉の壁がある海外でも受け入れられやすい曲で、何度も外国でやっているのですが、それらの曲と趣の違う『川上』を私はどうしても海外の観客に見せたかったのです。しかし心理の機微をテーマにした『川上』のような曲は伝えるのがとても難しい。演ずる側が「ここはこうなのだ」と演技に対して確たる信念を持って演じなくては、なかなか通じないのです。

私が父から受け継いでやっているシテに焦点を合わせて、シテの悲劇として終わっていくというやり方、それが私の体の中に基本としてあります。しかしこのごろはそこから少し飛躍して、夫婦愛が地蔵菩薩の宣託に勝つという結論にはっきりと演ずる。そうすることに今演ずる意味があるだろうと思っている訳は、外国で何度か演じたことがきっかけになっていると思います。少し理屈っぽいですけれども、今の女房と離別することと目が明くことが交換条件という、なんとも理不尽な地蔵菩薩の宣託に対して、二人は夫婦でいることを選び、また盲目になってしまう、しかし二人は手を取り合って進んで行く、そういう描き方になってきているのです。

イタリアのミラノでやった時、観客の反応はとてもよかったのですが、なかでも再び盲目になった夫の手を女房が引いて一緒に幕に入る最後の場面、観客席のイタリア人老夫婦のご主人が奥さんの手を舞台と同様に取って観ていたというレポートを聞いて、私はとても嬉しく思いました。そういう風に観られたということを大変有り難く思うのです。

こうした演者側の描き方の変化を観客の皆さまが素直に受け取って頂けているということを、見所《けんしょ》からの反応の変化として感じることもあります。

平成二十六（二〇一四）年金春流のシテ方の能の会で『川上』を演じましたが、最後の場面、「ああ、このようなことならば最前杖は捨てまいものを」で、じわじわと笑い声が出るような反応がありました。この台詞を従来のように、男だけの悲劇として後悔の言葉として言っていたら、おそらくこのような反応はないでしょう。今の私は、夫婦一体の言葉として、いかにも深刻には言わないようにしています。それが夫婦手を取り合って一緒に進んで行こうということにつながると思っています。

芸というものが年齢とともに、色々な思いが重なって、少しずつ質が変わっていくということなのですが、狂言自体もやはり現代を生きていくということが大切なのだと思います。

数年前、ロサンゼルスでも演じましたがその時はスタンディング・オベーションでの観客の感動がありました。英語字幕の効果も大きい近年の海外公演です。

※『茸』（狂言）…屋敷に生えた茸を山伏が退治しようとするが、祈るほどに茸が増えてゆく。茸役の演者は笠と面を付け舞台上を動きまわる。
※『棒縛』（狂言）…太郎冠者は棒に、次郎冠者は後ろ手に縛られた状態で酒を飲み舞を舞う。

【月見座頭《つきみざとう》】

仲秋の名月の夜。一人の座頭が野辺にやってくる。さまざまな虫の音に聞き惚れていると、街中から月見にやってきた男が声をかける。二人は意気投合し、男が持参した酒を振る舞ってささやかな酒宴を楽しむ。やがて二人は別れるが、男はふと戻って座頭にわざと行き当たり、声を荒らげて喧嘩を仕掛け杖を取って投げ捨て、突き倒して去っていく。座頭は同じ男と気づかず、酷い目に遭ったと嘆き、再び杖を取って帰ってゆく。

『月見座頭』は元々和泉流には無い曲です。それを父が上演したのは、「よろづの会」という独演会の第四回（昭和三十年）で、私が相手をしました。そのころは本来流派に無いものを上演する時には試演と書くことが礼儀、または一種の心得とされていたものです。私の手元に父の手書きの台本が二種類残っていますが、どちらも鷺《さぎ》流のものを土台にしています。一つは当時父と交流の深かった能画家・能評家の松野奏風氏に相談し、元の台本に手を入れたものです。

残された二つの台本の大きな違いは終わり方です。鷺流原本に近いと思われる方では、シテの盲人が犬に吠えられて逃げて行って終わりますが、手を入れた方は「月見にあらで憂き身ぞと、ただ今思い（くっさめ）知られける」などと謡って終わるようになっています。父は後者の方で演じ、大蔵流

『月見座頭』野村万作　平成30（2018）年　撮影：政川慎治

の山本家と同じ角帽子を沙門につけ、長袴での勾当の扮装で演じました。父がこの曲を上演したのは、この一度だけであったかと思います。

　五十年ほど前、学生たちに狂言はいかにあるべきかという考えがあったころのことです。前に書きましたが、国立能楽堂に勤めた、油谷光雄君がリードしていたころの四狂連（四大学狂言研究会連絡協議会、早大・東大・東京女子大・共立女子大のサークル）で「『月見座頭』を和泉流で作ろう」という声が上がりました。そこで、高校演劇で台本なども書いていた井関義久さんに頼みました。やはり鷺流をもとにして、しかも父の台本とは離れて新たに作り、四狂連主催の狂言会の二回目で上演したのが最初です。アドは兄でした。

それ以来、台本の手直し、様々な工夫を何度も重ねながら、かなりの回数の上演をしてきました。自分の会、各地のホール、また、米国公演でも取り上げています。平成三十（二〇一八）年にはパリでの「ジャポニスム２０１８」でエスパス・ピエール・カルダンでも演じました。

私はいつも茂山家と同じ座頭の扮装、つまり半袴、能力頭巾で演じています。私自身も大蔵流の舞台を見て研究しました。戦後すぐに二世茂山千作さんが東京の染井能楽堂でなさった舞台も拝見しています。年齢を重ねての洒脱な芸で、枯淡で味わい深い世界を描いて、いかにも茂山家らしい『月見座頭』でした。

今私は、鷺流の台本にあった川に杖を流して自分の帰る方向を知る演出を採り、トメの謡を創作しクサメ留（くしゃみをして終える）にし、一人静かに幕に入るという、しっとりとした終わり方にしています。

いつもこの曲で問題になるのは、和やかな酒宴を共にしたシテと別れてから、なぜアドが変心して非道な振る舞いをするのかということです。酒に酔ったから盲人をからかってやろうと軽く思ったという考えもありますが、人間の持つ二面性にこの曲の持つ前衛的な価値があるという説もあります。人間心理の不条理性という表現も見られます。

このように、いろいろと考えさせる面を持っているところが、この曲が「抒情とペーソスの漂う特異な佳作」「厚みのある秀作」などと言われる所以かもしれません。

現在は定説になっているようですが『月見座頭』は江戸末期になって初めて鷺流の本に載った曲で、その後、大蔵流で現行曲に加えられたのは明治初年だそうです。初めてこのことを知った時には驚きました。

最近、京都における差別について書かれた本を読みました。そこに書かれていたのが洛中と洛外の言葉の違いで、それと同じことが上京《かみぎょう》と下京《しもぎょう》でもあるというのです。『月見座頭』の若い者（アド）は上京の男で、盲人は下京の住人です。アドがシテに持つ軽蔑感や差別感は、目明きと目の見えない者というところからくるものだけではないようです。そんな一面を持つ狂言でもあります。しかし私は、人間の二面性に焦点を当てたいので、シテの名宣を「この辺りに住居いたす座頭でござる」にしています。

以前、ある演劇雑誌が行った「世界の戯曲の中で優れていると思うものを幾つか挙げよ」というアンケートに、二人の劇作家（秋浜悟史氏とふじたあさや氏）が『月見座頭』と『川上』を挙げていました。どちらがどちらを推したか記憶がはっきりとしませんが、多くの人がシェイクスピア等を挙げている中に二つの狂言が挙げられているのを知って、私はとても嬉しく思いました。

【宗論《しゅうろん》】

身延山から帰る途中の法華僧と、善光寺帰りの浄土僧が道連れになるが、互いに犬猿の仲の宗派と知り、自分の宗旨に改宗せよと言い争う。嫌気がさした法華僧は口実を設けて別れようとするが、浄土僧はしつこくついて来る。たまらなくなった法華僧が宿に逃げ込むと、浄土僧も追って入り、今度は宗論（教義問答）を始める。互いに珍説法でけなし合うが、やがて呆れて寝入ってしまう。翌朝目覚めた二人は読経争いを始める。両者は次第にむきになり、踊念仏・踊題目で張り合うが、ついには名号と題目を取り違えてしまい、仏の教えには隔てがないと悟り和解する。

相対する二つの役の対立がはっきりと描かれているばかりでなく、内容的にも芸の上でも競い合えるということが『宗論』が名作といわれる所以と言えるでしょう。

浄土僧は柔らかく、法華僧は強く演じます。テーマをはっきりと出している次第を法華僧が強吟、浄土僧が弱吟で謡うところから始まって、名宣、道行、その後もずっと、その対照がはっきりしているのです。

それに加えて、浄土僧は少し意地悪く、法華僧は直情型という二つの性格を出す芸を見せることに

『宗論』浄土僧・六世野村万蔵、法華僧・野村万作　六世万蔵最後の舞台
昭和53（1978）年4月　撮影：増田正造

なります。そういう面でもよくできている曲です。演者の側から見ると、すぐに向かっ腹を立てる法華僧の方がどちらかというと演じやすく、浄土僧の方は、その上を行く芸境が要求されるように思います。

若いころは兄弟でよく共演していました。私が法華、兄が浄土ということが多かったのですが、ある時の批評に逆の配役の方が向いているのではないかと書かれたことがありました。兄の方が外見が強く、私の方が柔らかそうな感じがしたからかもしれません。

私は最近、浄土をやることが多くなっていますが、今もし私が法華をやるとしたら、強さ一辺倒にはやりません。若いころのような強いかっちりとした法華をやることを避ける年齢になっていますから、自分なりに構築して役作りをします。単純に強さを表すだけではないのです。強さの中にも柔らかさがあり、柔らかい中にも強さがあるはずです。

父の最後の舞台は、この『宗論』でした。父が浄土、私が法華です。昭和五十三（一九七八）年四月第二日曜の、矢来能楽堂での観世九皐会の別会でした。翌月五月のはじめに父は亡くなりました。そういう、思い出に残る舞台を共にしているのです。

父は浄土の役がとてもうまく、殊に法華をネチネチとからかう場面がとても面白かったことを思い出します。その父がある演者の法華が気にいらず、アドの見本を見せてやるということで法華を演じたことがありました。浄土がシテであれば、アドの法華はシテの演技を引き立てなくてはならないということを、私たちに教えようとしていたのではないかと思います。父は常々「アド役というのはシテに奉仕する面があるのだ。シテと同じように上手そうに、シテと同質のことをやってはいけない」と言っていました。

私も父のこの教えには同感で、アドがシテのために演技を抑制することは狂言の脇役の一つの務めだと考えていますが、この『宗論』の場合は特別で、芸の上でも内容的にも宗派の違いとして競い合うので、両シテにすることもあるくらいです。

先代の千作さんとは流派を越えて『宗論』を共演したことが何度もあります。大抵の場合は、先輩である千作さんがシテの浄土役、私がアドの法華役でした。大蔵流とは言葉やトメの舞の型が違いますが、ほとんどは私の方が茂山家の台本に合わせました。

一緒に演ずると、千作さんの舞台に表れる奔放なところだけではなく、裏側の几帳面で緻密な面もよくわかりました。彼の素晴らしさは、台詞が生き生きとしていて、本当にその役が言っているように言葉が聞こえるところ。また、こうやろうと頭で考えるようなことからは飛び抜けているところだったと思います。それらは他の演者には無い彼独特のもので、私は『宗論』での共演を通して大いに刺激を受けたものです。

また、千作さんはその場の情景描写が大変に上手でした。とてつもなく面白い表情や型破りな声や賑やかさを見せながら、芯はきちんとなさっていて、そこに力強い技の根底があるのだという気がしました。『宗論』などをやる時には、そういう芸の本質というか、骨のようなものを相手役に感じるものなのです。

『宗論』の法華僧は終始言葉を強く発します。しかし、徒らに強く喋ろうという意識だけでは駄目で、芸の心棒の強さが求められると思います。

なんでもあからさまになり過ぎるのはよくありません。あからさまなことをオブラートに包んで表現することによって、見ている人、聞いている人が感じ取ってくれることが大事です。

『宗論』の舞台上では、法華、浄土ともに押し付けがましさを出しますが、演者としては、観客に感じ方を押し付けてはいけないと思っています。観客の方々が、浄土法華両方を平等に味方するような見方をしていただける『宗論』でありたい、そういう鑑賞を導くような芸とはどういうことかを考えていきたい、というのが今の私の心境です。

【牛盗人《うしぬすびと》】

法皇の牛が盗まれた。牛奉行は高札を打ち、犯人を訴え出た者に何なりと褒美を与えるという触れを出す。するとある少年が藤吾三郎こそ犯人であると訴え出る。奉行の手の者に捕らえられた藤吾三郎は真っ向から犯行を否認し、証人として少年が出廷するが、この二人は実の親子であった。観念した藤吾三郎は嫌疑を認め、実の親を訴えた子を責めるが、子は引っ立てられようとする三郎をかばい、褒美として三郎の助命を求める。子の真意を知った三郎が泣き出すと奉行ももらい泣きし、親子は許される。

この曲は和泉流のみの曲です。類曲の『鶏猫《けいみょう》』（※）は元々大蔵流のもので、私どもにはありませんでした。しかし、現在は和泉流二百五十四曲の中に入っています。取り入れられたのがいつなのかは知りません。

『牛盗人』は普通の狂言と違う特徴のある異色の狂言でもあります。特徴の一つは『牛盗人』にはアドが大名ではなく奉行、しかも大髭を付け、長直垂という仰々しい装束を着けて出てくることです。演技も大変大仰なもので、同じようなアド役は『鶏猫』にも出てきます。

次に特徴的なのは、シテの登場の仕方です。太郎冠者と次郎冠者がやって来た時に「表に案内がある」と言うところまでは常と同じですが、その後に「あら不思議や。俄かに雲の景色が変わった。その上どうやら胸騒ぎがする」と言う言葉が続きます。これは他の狂言にはありません。これもとても大げさな表現です。

シテの登場の仕方が同じような曲に『武悪』があります。『武悪』でも、ただ「案内がある」ではなくて「表に聞き慣れた声で案内がある。案内とは誰そ」と言います。殺しにきている太郎冠者を迎える武悪と、捕まえに来ている者を迎える『牛盗人』のシテの藤吾三郎、共に暗い背景を背負っています。それ故に常と異なる人物の背景を暗示する台詞が入るのではないかと思います。

筋立てがよく似ている『牛盗人』と『鶏猫』ですが、違いもあります。子供が奉行に訴えに来る場面で、『鶏猫』の方は親が犯人であることが名宣の言葉に入っているのに対し、『牛盗人』は盗んだ人を知っているというだけで、親子であることをはじめに出さない省略の仕方が『牛盗人』の大きな魅力だと思います。すでに成立していた『鶏猫』の筋立てを踏まえてできたのが『牛盗人』であり、それ故に、より印象的な曲になっているように思います。

大仰な演技のシテとアド、可愛さ一杯に活躍する子方、キビキビとした動きを見せる太郎冠者・次郎冠者と、人物造形が非常に対照的に置かれているこの曲は、以前は演劇的と言われていました。演劇的、言い換えると芝居がかっているという言葉は、能・狂言の世界ではマイナス面で言うことが多かったのです。能・狂言は芝居ではない、演劇ではないという古い思想から来ていたのでしょう。今

『牛盗人』藤吾三郎・野村万作、子・松原悠太、太郎冠者・中村修一、次郎冠者・飯田豪
平成31(2019)年　写真提供:オクムラ写真館

は変わってきて、能・狂言は演劇であるという見方が正面に出るようになっていると思います。

私は若い時から、狂言は演劇であると主張してきた人間です。狂言の中でも『川上』などを上質な演劇的作品として取り上げてきました。しかし、この『牛盗人』は、シテの登場時の台詞ひとつ見ても、趣向が過ぎるのではないかと感じていて、『川上』と並ぶような作品とは考えていませんでした。

しかし、子方、親、奉行の三人がシテと感じられる『牛盗人』の構成は、名作『武悪』が主役三人のように作られているのと似ているとも言えます。そう考えていくと、できの良い作品なのかもしれないと近年思うようになりました。

私はこの曲の子方を何度かしているので、父のシテの藤吾三郎や叔父の三宅の奉行が耳に残っています。

　この曲を白木狂言会で上演したことがありました。その時は叔父の三宅がシテで私は太郎冠者。そのころ弟子として修業していた須藤正巳が次郎冠者、従兄弟の三宅右近が子方でした。太郎冠者はシテを召捕る時にトンボを切ります。シテとの呼吸が大事なので何度も楽屋で稽古させられ、叔父がこでの演技に大変こだわっていたのを思い出します。呼吸が合うかどうかにやかましい人でした。

　平成三十（二〇一八）年の秋「万作を観る会」で私の弟子の小学生、松原悠太君に子方をしてもらって久しぶりに上演しました。子方が上手に演じてくれて好評だったので翌年、名古屋でも上演しましたが、今私がとても好んでいる曲の一つになっていますのは、繰り返しますが、子供が親を訴えたことが親に対面してから登場人物に知られること（常のように子供が名宣で親を訴えてとは言わず知っているとのみ言う）、親が子を育てたこと、牛を盗んでも罪にならぬ理由を述べる二つの語りの面白さなどからです。

※『鶏猫』（狂言）…能の廃曲『羊』を狂言化した作で、牛ではなく唐猫がテーマになっている。平成九（一九九七）年に復曲し、万作シテで演じられた。

【武悪《ぶあく》】

武悪の不奉公に怒り心頭の主人は、太郎冠者に武悪を討ち取るよう命ずる。太郎冠者は腕の立つ武悪をだまし討ちにしようとするが、最期に臨み覚悟を決める様子にどうしても討つことができない。太郎冠者は武悪に逃げるよう勧め、主人には武悪が神妙に討たれたと偽りの報告をする。主人はせめて跡を弔ってやろうと東山に向かうが、ちょうどそこへ命拾いのお礼参りに来た武悪が鉢合わせてしまう。太郎冠者はとっさに主人の目を誤魔化し、うろたえる武悪を幽霊に化けさせる。幽霊の姿で対面した武悪に、主人は冥土の様子を尋ねるが、ついには冥土の広い屋敷へ案内すると迫られ、逃げ出してしまう。

「誰《た》そ居るか」ただならぬ雰囲気で橋掛かりを登場した主人がその内なる怒りを込めて言うこの台詞が『武悪』の始まりです。続けてもう一度「誰そ居るか。誰も居らぬかいやい」と主人はさらに口調を強めます。他の多くの曲が「このあたりの者で御座る」で始まるのとは、舞台を包み込む空気が凡そ違う中で『武悪』は始まります。

台詞の違いは多少あっても、この始まり方は和泉流の他家でも、大蔵流の各家でもほぼ同じようです。主人に討手を言いつけられた太郎冠者が結局武悪を討つことができず、討ったと偽って帰ってく

『武悪』武悪・三世山本東次郎、太郎冠者・野村万作　昭和28(1953)年

る前半部分は、特に台詞、演技ともに非常に様式的で緊張感溢れるなかで舞台は進んで行きます。

『武悪』で強く印象に残っているのが、まず先代(三世)山本東次郎さんの武悪、父の主人という異流共演で私が太郎冠者を勤めた舞台のことです。実は叔父の三宅に頼んだのですが断られて私がやることになったのです。昭和二十八(一九五三)年のことです。父と東次郎さんは同い年で五十代半ば、私は二十代前半。この時目の当たりにした東次郎さんの武悪の様式的演技というものは、今でもはっきりと記憶しています。

例えば、太郎冠者に連れ出され武悪が川に入って魚を追いかけるときの演技。私たちの場合、魚が動く様を描き出すために「型」を生かす、という気持ちがあります。

しかし東次郎さんのそれはもっと「型」本位なの

です。「型」によって写実性をより高めるというのが私どもの気持ちですが、東次郎さんのは、もう「型」そのもの、様式そのもの。その明確な「型」と台詞のリズムとが合わさって、魚が動く様が非常に鮮やかに描き出されるのです。

二十歳そこそこの私にとって、この東次郎さんの武悪は、「凄い」という思いと同時に憧れでもあり、この時の経験は私の『武悪』観に大きな影響として、今に至っています。

もうひとつは父の主人です。武悪を討ってきたという太郎冠者の報告を聞いて、「何じゃ討った。はーははは」と主人は笑います。この笑いの深さ。討手にやったものの結果が心配で待ちに待っている太郎冠者から武悪を討ったと聞いたとき、まさかおかしくて笑うわけではありませんし、ホッとした安堵の気持ち、討ってしまった後悔の気持ち、それらが入り混じったちょっと肌寒い笑いと言ったら良いのでしょか。そんなものが父の笑いから匂ったものです。この笑いのことは前にも述べました。

この笑いに至るには、太郎冠者に討手を言いつけて笛座前に座って帰りを待つあいだ、これが主人を演ずるうえで大事だと私は思います。これは単に座って待っていると見られるかもしれませんが、静かに、しかし心の内は後の台詞にもあるように「武悪を討ちたい、討ちたい」という強い思い、また一方で「太郎冠者が返り討ちに遭うたらば」という心配、複雑な心境で座っているわけです。私どもの狂言では多くの曲で主人は笛座前で太郎冠者の帰りを待ちますが、実は演者としてはそれくらいのことを背負っていて座っていないと、いい演技はできない。ですから主人の複雑な心境と、それが表れる笑い、ここを『武悪』の主人の一番のやりどころだと思っています。

『武悪』という曲は舞も謡も無い台詞劇ですが、その『武悪』を今は和泉流・大蔵流問わず、どの家でも普通の軽い狂言とは違う雰囲気で演じます。それはつまり台詞の様式性、型の様式性の重視ということだと思うのです。

例えば舞歌が重きをなす『釣狐』や『花子』とかになってくれば、当然みな様式がきちんとあります。歌謡の様式性、舞の様式性があるわけです。そういう要素が、台詞劇であるこの武悪の中にも入ってきているというふうに解釈できるのではないか、と思うのです。冒頭の「誰そ居るか」で始まる特殊性を考えても元々普通の狂言とは違った扱いをされていたはずですが、大曲であるという扱いが、『武悪』独特の台詞劇としての様式性という質を作り上げてきたのではないかと思うのです。

こうした能に通じる、また一方で能に拮抗できるような狂言の演技というものを作り上げていったのは父や先代・東次郎さんの世代からであると思います。その前の世代では『武悪』ももっと軽い演じ方をされていたのではないでしょうか。狂言の演技の質の向上の象徴的な曲としても『武悪』という曲は価値があるのではないかと思います。

【連歌盗人《れんがぬすびと》】

ある男が連歌の初心者の会の当番に当たったが、貧しくて準備ができない。そこで同じく当番の貧しい男と相談し、知り合いの金持ち（何某）の家から道具類を盗み出すことにする。正面は戸締りが厳重なので、裏手の垣をのこぎりで破り、家の中に忍び込むと、来客後の座敷に、作られたばかりの発句が記された懐紙を見つける。つけ句を付けようと二人が夢中になっていると、亭主に見つかってしまう。やはり連歌好きの亭主は、自分の句に上手く付けることを条件に盗人たちの命を助けることにする。二人は見事に句を付けて解放され、顔見知りと知った亭主に酒を振る舞われ、刀まで与えられる。

【蜘盗人《くもぬすびと》】

貧しいため連歌の会に出られない男。ある晩こっそり連歌の会を立ち聞きしようと、人の屋敷に忍び入るが、あっという間に見つかってしまい、逃げ回るうちに大きな蜘の巣にひっかかってしまう。もがきながらも言い訳に古歌を詠む盗人。その様子に感心した屋敷の主人は、助ける条件に連歌の付け合いを求める。すると連歌好きな盗人は、ここぞとば

『連歌盗人』野村万作、先代野村又三郎　平成14(2002)年　撮影:吉越研

かりに即妙に応え助けられ、酒を振る舞われ刀も与えられる。

『連歌盗人』と『蜘盗人』は二曲とも好きな狂言です。シテは貧者なのですが、大変に連歌が好きで、文学に対する教養があります。生活が苦しく、『蜘盗人』の方は連歌の会に出られないのでせめてもと立ち聞きに行って、蜘の巣に掛かってしまう。また『連歌盗人』では、連歌の会の当番になった貧乏な二人が、当番をつとめるための資金にする物を盗みに入り、主人に見つかるが、歌をうまく詠み許され、褒美に刀ももらうという曲です。終わり方は両方ともしっとりとした感じがする曲で、両曲とも大曲と言えるでしょう。両曲とも年齢習い、昔流に言うと還暦を過ぎた人が演じる演目ということになっていて、若い人はやりません。それは何故かと言うと、やはりしっとりとした味わいというものが技術を超えたものとして、にじみ出るということが大事だからではないでしょうか。年齢と芸歴が求められるのはそういう曲だからではないかと思います。

このような連歌をテーマにした曲というのは随分と多く、狂言の中でのある一群をなしています。『箕被《みかずき》』（※）での夫婦別れも、手元不如意なのに連歌ばかりやっていることが原因になっていますし、のちにこれもまた連歌で許し合う、連歌でまた元の鞘に収まるわけです。他にも借金を許す『八句連《はちくれん》歌《が》』（※）等々です。これらは良い曲なのですけれどもだんだんとわかり難くなっている一群ではないでしょうか。わかり易く面白いものばかりを見て頂くのでは演者側としての満足感というものも少ないので、こういうものもたまに見て頂いて、狂言の幅の広さを知って頂くということが大事ではないのかな、とこのごろ思います。

また、こういう類いの曲には、皆おしまいに謡があって、その謡が非常に曲の締め括りとして大事で、ある情緒をかもし出しています。また語りの場合もあります。たとえば『鶯《うぐいす》』（※）であれば大変叙情的な良い語りで、その昔の梅若殿という稚児の話でしっとりと終わる、そういうしっとりさが、だんだんわからなくなるのは残念なことでして、派手に面白いというのだけではなく、深く心に残るようなものも欲しいのです。対極とも言えるシェイクスピアをやればやるほど、そう思います。もちろんシェイクスピアも面白いものですけれども。

一方で、このような身近な庶民的な役柄を演ずるには役者もそういうものを自分のなかに持っていなければなりません。関頑亭さんの言われた「万蔵（父）は真っ直ぐな目線の人だった」という言葉を私は今とても気に入っているのですが、上にへつらわず、下にえばらず、真っ直ぐな目線で人と付き合っていれば、やはりそういう心が自分の人間性の中に培われていくのだろう、と思います。それが太郎冠者でもあり、狂言でもあるのではないでしょうか。

※『箕被』（狂言）…連歌の会を催そうとする夫だが、貧しさを理由に妻は反対し、離縁を申し出る。暇の印の箕を被いた妻に夫が発句を詠みかけると妻も応え和解する。
※『八句連歌』（狂言）…借金の借り手が貸し手と連歌を詠み合いやがて借状を返してもらうことになる。
※『鶯』（狂言）…鶯をめぐり、その飼主と、梅若殿という稚児の家来が勝負する。

【木六駄《きろくだ》】

主人は、山ひとつ向こうの都に住む伯父へのお歳暮として、炭を六駄と木を六駄、それに上等の樽酒を届けるよう太郎冠者に命ずる。雪の降る山中、荷を積んだ十二頭の牛を追い、ようやく峠の茶屋にたどり着いた太郎冠者は酒を所望するが、あいにく茶屋が切らしていたので、届けるはずの樽酒に手をつけ、茶屋と酌み交わすうちに全部飲み干してしまう。更に酔った勢いで木六駄まで茶屋においてきてしまい、太郎冠者は残りの炭六駄をのせた牛を引いて伯父のもとへ向かう。主人からの手紙を見た伯父に「木六駄」はどうしたのかと尋ねられた太郎冠者は、木六駄は自分の名前だと言い訳する。樽酒がないことも追及されると飲んでしまったことを白状し、伯父に追い込まれて終わる。

『木六駄』は父からの芸に加えて自分自身もかなり工夫しながら数重ねて上演してきています。『木六駄』がよかったと言われる狂言師になりたいという気持ちを持っているのは私だけではないでしょう。『木六駄』を名作と思う理由は幾つかあります。まず、主人の家、峠の道、茶屋、また峠の道、伯父さんの家というように、劇的な場面転換があり、また、登場人物の感情の起伏がよく描かれていることです。つまり、戯曲として大変面白く書かれているのです。演者のイメージが生かせて色々な感じの舞台ができることも、豊富な内容を持つ名作であることを表していると思います。

そして、この曲の一番優れたところは、様式性と写実性が渾然一体としているところです。舞台に全く出てこない十二頭の牛を鞭一本で追い牛の動きを表現するというのは一つの様式性です。しかも

『木六駄』太郎冠者・野村万作　平成10(1998)年　撮影:吉越研

その様式性を通して写実的な十二頭の牛を眼前に描こうとするのです。中身は写実、形は様式、この嚙み合わせが実にうまくいっている曲だと私は思います。

世界的な戯曲の中の名作の一つに挙げてもよいのではないでしょうか。

明治生まれの四人の先輩方の舞台が私にとっては、特に印象的に残っています。

善竹彌五郎さんの「サセイ、ホーセイ」という牛追いの声は、雪の中で凍りつくような、特にホーと引っ張るところはピーンと氷を割ったようなイメージの声で、雪景色が舞台に一気に表れるような素晴らしい表現力を感じました。その声は今も私の中に残っています。

先代山本東次郎さんは、私どもの流儀とは違って酒樽ではなく鬘桶《かずらおけ》を背負い、縄を手繰って牛を引っ張る動作や雪の上で転がるような演技があるのですが、技術的な型というものを厳しく演じていらっしゃいました。

私の父万蔵が素晴らしかったのは、太郎冠者の人柄、人物像をほとばしるような庶民的な感情として描いていたことです。牛への愛情、牛への優しさが溢れていました。牛に文句を言っている言葉の裏に友だちとしての親しさが匂ってきていたとも言えます。

叔父の三宅藤九郎は、近代的な考えを持つ人で、茶屋で酒を飲む場面での小舞を、本来の『柳の下』から『鶉舞《うずらまい》』にした人です。初演以外の時は、今は皆『鶉舞』を舞っています。茶屋に囃させながら、次第に酔っていく演技が大変生きるのです。叔父の功績と言えます。

ちょうど『子午線の祀り』の稽古中に『木六駄』を上演することがあり、その時には牛の隊列の演出を意識的にやりました。峠の道の上下、十二頭の牛を追っていく上りと茶屋に六頭をおいてから酔っ払って残りの六頭だけを追っていく下りとのスピード感の違いや、頭数だけでなく距離的にも時間的にも差があるのではないかとも考え、それをどのように表現すべきか、というようなことを考えました。ノートに牛が歩くコースを線で描いたり、崖から落ちそうになる場面や沓《くつ》を履き替えさせる場面なども含め、牛の追い方も一所懸命考えました。これは明らかに宇野重吉さんの演出の下で現代劇の人々と一緒にやった経験から生まれたことでしょう。『子午線の祀り』に出た古典の演者としての私への影響であったと今思っています。

その後も牛追いの場面は、能楽堂以外で上演する時には劇場の特徴や大きさに合わせて工夫しました。歌舞伎座で演じた時の手書きメモには、花道に牛の位置を番号で表したステージの地図が残っています。このように演者が考えなくては観客に牛が見えるはずがないと考えた証拠品と言えるでしょう。

私なりの工夫をもう一つ。幕から牛の隊列がノロノロと現れて来る様子を表現しようと、顔をゆったりと動かすようにしています。これは他派の本からヒントを得ました。

他にも牛の縛り方などあれこれ探求してきました。これらの工夫はどれも頭で作り上げたのではなく、どうしてもそうしたくなって体から滲み出て来たものだったと思います。

『木六駄』太郎冠者・野村万作　平成17(2005)年　撮影:政川慎治

最近私は、終盤の太郎冠者が伯父さんから酒を飲んだかと問いつめられた時のやりとりに「その酒は牛がノメーと申しました」「牛が飲めというものか」「いや私がノモーと申してゴブゴブといたしました」というオチを時に入れて言っています。父の覚書にあった鷺流のやり方を取り入れてみたものです。

父はこのオチを入れることはありませんでしたが、ゴブゴブの台詞の後で自分のオデコを叩いてハハハと笑う演技をしていました。年を取るとこんな工夫も許されると思います。

今『木六駄』を若い人に教えるとすれば、他の曲についてもそうなのですが、基本的に父に習った時点、言い換えれば原点に戻って教えます。年齢によって芸に対する考え方の移り変わりが当然あるのでスタートから年輩者のする写実性は教えていません。

第四章　新しい試み

【楢山節考《ならやまぶしこう》】

信州の山々の間にある貧しいおりんの村には、七十歳になると「楢山まいり」に行く風習があった。供の者に背負われて深い山奥の先にある「楢山さん」へ行き、そのまま二度と戻らないのである。当年六十九歳のおりんは、一日も早く楢山まいりに行こうと、支度を整え心待ちにしているが、孝行息子の辰平は複雑な心境である。一方辰平の息子けさ吉は、自分の子供が生まれるのが近いこともあり、おりんに早く楢山まいりに行った方がいいという。村には、七十になってもなかなか楢山へ行こうとしない又やんのような者もいる。舞台は、辰平に背負われて「楢山さん」に行ったおりんが、降り出した雪の中、子供たちの歌う童唄の幻に誘われるように、貧しい村での日々を回想することで展開する。楢山へ行く日に雪の降った者は運が良いといわれ、おりんもそれを望んでいた。楢山の烏が見つめる中、おりんはやがて静かに雪に埋もれていく。

私の二十〜三十代は、新しい作品を創り、また、関西の演出家・武智鉄二さん、狂言大蔵流の茂山家との交流、さらに海外へ何度も出かけたことで狂言の隆盛、上げ潮状況を助長しました。新しいことをやれば、人は観に来る。『夕鶴』『彦市ばなし』のほか、違った観点の『楢山節考』(昭和三十二年)

を「冠者会」で演じたりして、狂言役者の力を感じとってもらい、評価がだんだん高まっていきました。それまでは「能を見に行くと狂言がある」といった状態で、若かった私はそれが不満で「狂言は単なる笑いではなく、演劇であり悲劇的な曲もある」と主張していました。今、考えれば少し浅はかなことだったと思います。『楢山節考』は芸術祭に参加しようとしたら、「狂言のテーマではないからおかしい」との声が審査員の中から上がりましたが、嬉しい評価もありました。

女優・岸田今日子さんを起用して飯沢匡作の新作狂言『唖《おし》の一声』（昭和三十三年）を「冠者会」で演じようとした際、「女優と一緒で有料はおかしい。その曲だけ無料にしろ」と能楽協会からクレームがつき、無料のかたちで演じたこともあります。武智さん演出の『夕鶴』の時は、畏友、観世寿夫さんは出たくても出られず、後見をやってくれましたが、そこ止まりでした。

この時、兄万之丞と私が『夕鶴』に出演するかどうかで家族会議となり、私は「私は出ます。兄貴は家の長男だからやめたほうがいい」と言いました。出れば問題になることはわかっていたからです。しかし母は出るなら二人一緒にと強く主張し、兄も出演しました。能楽協会の矛先は、その後武智演出で歌舞伎役者と共演した茂山千作さん・千之丞さん兄弟に向けられたのですが、思うに、武智さんたち関西勢が能楽協会の保守的な考え方に対して、一つのアピールをしたのが『夕鶴』公演でした。

すでに『夕鶴』『彦市ばなし』『月に憑かれたピエロ』等の仕事を武智鉄二さんと一緒にやっていたころ、私はそろそろ自主的に何か新しい物を創ってみたいと思い始めていました。

当時交流のあった早稲田時代の友達と相談して、増田正造さんの発案で、ベストセラーになっていた民間伝承の棄老伝説を題材にした短編小説『楢山節考』を取り上げようということになりました。原作者の許可を得るために、私は日劇ミュージックホール（現在の有楽町マリオンの場所にあったレビューの劇場）の楽屋へ出かけました。原作者深沢七郎氏はそこでギタリストとして働いていたのです。

舞台化するにあたり、何人かが脚色を試み、それを検討した結果、岡本克己さんのものが良いということになりました。演出には尊敬していた演出家・岡倉士朗さんをお願いし、尚且つ能のサイドから横道萬里雄さんにも加わっていただきました。

そして、昭和三十二（一九五七）年十二月三日・五日、水道橋能楽堂での「冠者会」という我々兄弟の会で上演しました。十数人の出演者のうち、村人や子供役は素人弟子やその子供たち。プロとしては私（おりん）と兄（辰平）の他に、先代の野村又三郎さん（けさ吉）、祖父の弟子であった佐野平六さん（又やん）、藤江又喜氏の弟子の和田喜太郎さん（又やんの倅）、それに大蔵流の茂山千之丞さん（烏）が客演でした。

囃子方の参加を考えたのですが難しく、小鼓の北村治さんが録音で参加してくれました。能管の代わりにフルート、これも録音でした。

「これをもし狂言と呼ぶには、従来の観念は余程是正されなければならない。しかし所要時間はほ

『楢山節考』再演　おりん・野村万作　平成28(2016)年　撮影:政川慎治

とんど一時間、出演総数十数人で、しかも諧謔や風刺や、ましてや笑いの全くない陰惨な舞台は、全て狂言の持つ伝統的な技術と手法によって運ばれ、大きな感動を残した」というような丸岡大二さんの批評もあり、成功の手応えを得ました。同時に、回想場面が分かりにくい、という評も聞きました。

最後に烏から白い雪を被せられたおりんが静かに幕に入っていく、それを観た深沢七郎さんは「まるで天に昇って行くように見えました」と喜びを述べてくれました。

それから長い間再演を考えてきましたが、著作権の問題などで実現しませんでした。やっと平成二十七（二〇一五）年に再演（※）の機会を得ました。自分が演出し、台本も修正し、囃子の参加も可能となりました。初演の記録は台本とテープに残された音、数枚の舞台写真だけ。あとは私の記憶が頼りですが、逆に自由な発想ができたと思っています。

『楢山節考』のおりんは、台詞なし、仕草のみで演じます。首を振ったり、頷いたり、手で招いたりというのを型でするのですが、心から優しく、語りかけるような心持ちを型に込めるという意識がありました。それはただ表面の雰囲気で情緒的になるということとは違います。これは能・狂言に通じることですが、ただ面白く舞おうとすることは、能・狂言の持つ芯の強さが抜けてしまう恐れがあるのです。能には居グセというシテが全く動かない型がありますが、これは表現を地謡に委ねている。動いてしまうことは簡単ですが、動かなくても表現になるという質が能・狂言には大事だと思います。芯を保って型に託すということが、能・狂言の場合、面白く演ずるということよりも強く観客に訴えうるということなのだと思います。例えば『砧《きぬた》』(※)というとても情緒的な能で観世寿夫さんが見せた芯の強さが忘れられぬ思い出で、寿夫さんが好きだった実在感という言葉がそれにあたります。

初演時に「これは狂言能だね」と評した方がありましたが、まさにそこが私の目指すところです。方向としては、狂言の『姨捨《おばすて》』(能の曲名)と言ってよいでしょう。狂言の中に能を感じて頂きたい。言い換えると、狂言の世界が一種の能的な世界を取り込んで、狂言能と呼べるものにしたいと思っていました。

再演は私なりに理想的な上演ができたと思っております。

『ダンスマガジン』という雑誌に演劇評論家の渡辺保さんが批評を書かれていました。それを紹介させていただきます。

野村万作「楢山節考」山になったおりん　渡辺保

野村万作の新作狂言「楢山節考」が感動的だった。十一月二十九日、国立能楽堂の「万作を観る会」。御承知の通り「楢山節考」は深沢七郎の代表作。それを岡本克己が脚色し、岡倉士朗の演出によって初演されたのが昭和三十二年（一九五七）、今度は万作自身の演出で五十八年ぶりの再演である。初演の時は万作二十六歳、いまは八十四歳である。

信州信濃の山奥の寒村。この村には厳しい掟があって、七十歳になるとはるかな山奥の楢山へ行かねばならない。これを楢山参りという。山へ入ったらば二度と戻ることは許されない。死にに行くのである。この村は食糧に乏しく、こうして老人を棄てる。棄老伝説——姨捨。

おりん（野村万作）は今年六十九歳。一年早く息子辰平（深田博治）に背負われて楢山に向う。楢山には死屍累々。鴉（野村萬斎）が死体をついばんでいる。

その凄惨な現実を覆い隠すのは雪である。里人の唄う歌にも楢山参りに雪が降るのは幸せだという。雪の寒気が死を早め苦痛から解放されるからだが、同時に醜悪な死の現実を清浄化し、神話化する。この神話化によって村の習慣は宗教になる。深沢七郎はただの山間の伝説ではなく、共同体が自己保存のために宗教を生み、神話をつくり、信仰による救済を目的に厳しい法によって個人を縛って行くプロセスを鋭く描いている。

私が今度の舞台に感動した理由は二つある。一つはこの原作の両面がよく出ていたからであり、もう一つは万作のおりんの演技が卓抜していたからである。

まず原作の両面について。私はかつて歌舞伎でこの小説の劇化を見た。しかし歌舞伎だとどうしてもリアルになり過ぎて、残酷さ、親子の人情に傾き、宗教から神話へというもう一つの側面が出ない。一方が出ないから二つの繋がりも出ない。

ところが狂言だとその両面がうまく出る。うまく出るから繋がりがわかる。繋がりがわかると人間の老年と死という普遍的な問題が浮かび上がる。山奥の寒村の昔話はたちまち今日の私たち自身の問題になる。どうしたらば人間は心の平穏を保ちながら死を迎え、救済を得ることが出来るのか、そういうことを考えさせたところが、この舞台が単なる狂言の範疇をこえて現代演劇の作品になった理由である。

もう一つ、万作の老婆おりんの演技について。この役の難しさは、一言のせりふもないことである。狂言師は本来せりふだけで舞台をつくる。その狂言師がせりふを一切禁じられる。そこをどう乗り切るか。

万作は橋掛かりを出たところからすでに、さり気なく、やわらかく、しかし老婆の強い決意を見せた。あとはせりふがないのだから、わずかな手振り、足取りだけで、老婆の死への決意を鮮明に見せる。

母に心を残して去りかねる辰平を片手で追いやっておいて、その後ろ姿に思わず左足がほんのわずか前へ出る具合。そこには狂言の心持を決して露骨に見せない、様式的な、抑制のきいた動きの法則が生きていて、しかも老婆の万感溢れる思いが生きていた。私はそのことに感動した。狂言にしかできない力である。

一人山に残った老婆は、夢うつつのうちに自分の人生を回想する。大勢の子供たちの唄を聞きながら、思わず彼女の手が動き、左足が外股に出る。この足の濃厚さで、彼女の青春がよみがえる。しかしそれも孫けさ吉の、おりんが老年になってなお歯が丈夫なことの非難に破られる。それを聞いた老婆は、手に持った石で歯を砕く。万作の右手で石を摑むイキ、思い切って歯に当てる激情。息を呑む思いがした。おりんの「女の一生」。

やがて雪が降ってくる。

おりんが白い着物をかぶる。雪。段々と深くかぶって行く。その有様は雪に埋もれて行く老婆の姿を鮮明に描いている。私が感動したのは、そこで万作の老婆が生きた人間から自然の一部になって行くのを見せたからである。

同じ棄老伝説を扱った能の名曲「姨捨」の最後もシテの老女が山になる。うまい人がやると本当に「山」になる。万作の老婆を見ながら私はこの「姨捨」の最後を思った。万作の老婆もまた雪に埋もれて山になったからである。

そこには清澄で空虚で自然そのものの世界が舞台に漂った。おりんは神になったのである。

『ダンスマガジン』（新書館）二〇一五年二月号「古典芸能への扉」より

※平成二十七（二〇一五）年の再演時の配役…おりん・野村万作、辰平・深田博治、けさ吉・高野和憲、又やん・月崎晴夫、又やんの倅／雨屋・中村修一、村人・石田幸雄 岡聡史 内藤連 飯田豪、烏・野村萬斎、笛・松田弘之、太鼓・桜井均。子供は狂言教室に通う小学生が出演した。

※『砧』（能）…夫の長い不在に耐えかねて死んだ妻の霊が弔う夫に怨みごとを述べる。

【子午線《しごせん》の祀《まつ》り】

平知盛を主人公に源義経を対照させ、一ノ谷の戦いで源氏に敗れた平家が、壇ノ浦の戦いで滅亡するまでを叙事詩的に描く壮麗な物語。独誦から俳優全員による合誦までを自在に組み合わせた「群読」という独自の朗読形式を導入した。

私の『太郎冠者を生きる』でもくわしく書きましたが繰り返しを承知で書きます。

木下順二さんの名作『子午線の祀り』には昭和五十四（一九七九）年の初演から出演しましたが、その十年ほど前に、元となる群読『知盛』を女優・山本安英さんらと共演しました。

皮肉なことに、木下さんからは「現代語の部分を読んでくれ」と指示されました。私は、冒頭と締めくくりの現代文の部分だけ、山本さんたちは『平家物語』の中身の擬古文のところ。木下さんに言わせると、現代語と伝統芸能の持つデクラメーション（朗唱法）がどうつながるのか、との試みで私を指名したということでした。

私のはっきりとしたしゃべり方は、冒頭に出て来る『子午線の祀り』の表題の読み手に受け継がれています。木下さんが私に「狂言は『へえけ』と言うか、『へいけ』と言うか」と相談され、私は『へいけ』と答えました。それも劇で生かされました。『子午線の祀り』は平家の滅亡を壮大に描いた叙事詩的な戯曲で、私は九郎判官義経、平知盛は当時前進座の嵐圭史さん、平宗盛は観世栄夫さん、影《かげ》身《み》は山本安英さん、阿波民部重能は滝沢修さんたちが演じました。木下さんはよく「現代劇と伝統芸能がお互いよいところを奪い合ってほしい」と言っていました。

複数の演出家のリーダーシップを取っていたのは、劇団民芸を創立した俳優兼演出家・宇野重吉さんで、彼の劇団の若手に対する厳しい指導、演技を見て感動し、私も少しでも受け入れようと努力しました。宇野さんは台本の読みが圧倒的に深いのです。義経の私に対し、「野村さん、ここのところはこんな風に、首実検しているんですよ」とちょっと演技を付ける。飄々と背中を丸めた洋服姿で、少しも義経じゃないはずなのに、義経が首実検しているように見える。そして、稽古前に演出の設計図を引いてくる。その素晴らしさはたとえようがありません。能でも本当の名人は型を踏襲しているかに見えても、その人間性なり心が芸ににじみ出てくるものです。宇野さんの「思わないことはするな、思えば出る」という印象深い言葉があります。これはリアリズム演劇の名言かと思いますが、様式から入る能・狂言の究極は「思わないことから入れ。思いはやがて出る」とでも言えましょうか。

この劇はその後平成二十九（二〇一七）年萬斎の演出、主演で再演されました。民部重能をやらぬかと倅に言われましたが、滝沢さんの名演もあり、自分には人物の細かい襞を表現するのは難しいと思い断りましたが、演じてみたかったと悔いが残っています。

『子午線の祀り』義経・野村万作　昭和54(1979)年　撮影:富山治夫

【法螺侍《ほらざむらい》】

酒好き女好きで太鼓腹の武士・洞田助右衛門《ほらたすけえもん》。放蕩が過ぎて将軍家を追放され、毎日飲み暮らしていたがとうとう酒代も底を尽く。そこで助右衛門は、町の商人の女房・お松とお竹を別々にくどき、二人に金を貢がせようと画策する。助右衛門からそれぞれに文を届けるよう命じられた家来の太郎冠者と次郎冠者は、普段から乱暴勝手な主人にほとほと愛想を尽かし、お松とお竹に事の次第をすっかり話してしまう。あきれたお松とお竹は、太郎冠者・次郎冠者とさらにはお松の夫・焼兵衛まで巻き込み、助右衛門を懲らしめることにする。お松に誘い出されたところへ、焼兵衛が間男を手打ちにやってくると脅かされた助右衛門は、洗濯籠の中に隠れた挙句、川の中へ放り出される。さらに鎮守の森の仮装行列で逢い引きをしようと持ち掛けられ、まんまと出掛けるが、悪鬼に化けた一同からさんざんに脅かされ、真人間になることを誓わされる。一同が正体を明かすと助右衛門に反省の色は無く、「この世は悉皆、冗談ぢゃ」と開き直るが、茶番はお仕舞と許され、全員で陽気に踊り祝祭の気分のうちに幕となる。

私は新作をずいぶんやりましたが、自分の代表的な役を挙げれば、『子午線の祀り』の義経と『法螺侍』でしょうか。どちらもよく書けた作品です。義経は百回以上やりましたし、稽古もあれほどした新作はありません。法螺侍は三十回以上になります。なじんだ役といえます。

新しい物をやろうと考える時には、古典との兼ね合いということが問題になってきます。たとえば『法螺侍』について言えば、私は新作狂言という意識は持っていませんでしたので能楽堂ではやってきませんでした。しかし、そうかと言って、他の分野の人にはできません。そういう意味では狂言なのです。つまり、狂言でありながら、そのテーマとか演出の仕方が、狂言から、また、三間四方の能舞台からはみ出している作品であると私は思ってきました。

『法螺侍』をやるときは、若い演者たちに「古典をやるときとは違うんだよ」と言っています。元がシェイクスピアですから多弁です。長台詞もあります。スピードアップしなくてはなりません。狂言の悠長な台詞回しではうまくいかないのです。狂言独特の朗唱の波を細かくしていくことになるのです。ところが、そういうテクニックが古典に入ってきすぎると、古典らしさがなくなります。古典はいかにものびやかに抑揚をつけてしゃべりますから。

古典では、リアルに物を言うところと、朗々と言うところとに幅があります。つまり、一番底辺のリアルな言葉、うたい上げいる言葉、それからイロ（イロというのは言葉をちょっとうたっている感じです）、語り、謡――それだけの幅を持っていなければ、狂言役者は駄目なのです。

ですから、『法螺侍』の場合には、それに合わせたレベルで演じ、また古典のかっちりとした、たとえば『文蔵』（※）という語り中心の狂言も確実にこなす、というように全部できなくては狂言の演者とは言えないところが辛いところです。しかし、そこが狂言の演者の求めている素晴らしいところでもあり、なおかつ、自信を持っていいところだと思うのです。

新しい分野で評価されると同時に、古典においても評価されることが理想であり、狂言役者がめざしたいことです。

平成三（一九九一）年五月、五十九歳の時の東京グローブ座（新宿区）が新作『法螺侍』の初演で、主役の洞田助右衛門を演じました。原作はシェイクスピアの喜劇『ウィンザーの陽気な女房たち』で、オペラではヴェルディの歌劇『ファルスタッフ』として有名で、日本語でいえば『法螺侍』というわけです。この役は私の思い出に残る新しい試みの一つで、英文学者・高橋康也さんが翻案を手掛け、私が演出を担当しました。その後、日本だけではなく、イギリスや香港、ニュージーランド、オーストラリア、アメリカでも公演しましたが、反響はとてもよいものでした。

助右衛門は名前が示す通り色好み、お腹が大きく膨らみ、その上酔っ払い。とにかくろくな男ではない。私は腹にたくさん詰め物を入れて、大きな髭をくっつけて演じました。

笛と太鼓の囃子も入れ、フィナーレでは踊りや歌もあり、シンプルな狂言の要素とは違う面を、いわば『髭櫓《ひげやぐら》』（※）『茸』のようなにぎやかさを、新しくこしらえた気がしています。大変気に入っているのは、洗濯籠に入って捨てられに行く場面。もちろん籠はなく、天秤棒を担いだ冠者が歌いなが

『法螺侍』洞田助右衛門・野村万作、太郎冠者・野村萬斎、次郎冠者・月崎晴夫　平成9(1997)年

ら足をあげ、リズムを取りながら進んで行く。こちらも二人の間に入り、リズムを取って移動するわけですが、狂言『三人片輪』の尻を着きながら両手でいざる所作を盛り込んだところです。「きれいは汚い、汚いはきれい……」などというシェイクスピアの言葉も歌に入っていますが、私は歌ってはいません。この時には、建築家・磯崎新さんが背景にオブジェ的な鏡板の松を作ってくださり、その後の舞台でも使わせていただきました。

上演回数の多い『彦市ばなし』は狂言様式での上演にあたって能舞台で演ずるように作られたのですが『法螺侍』はこれまで能舞台での上演をあえて避けてきました。しかし、平成三十（二〇一八）年の「万作を観る会」では国立能楽堂で初めて能舞台での上演を試み、狂言画の描かれた屏風を使って場面転換をするなどの工夫をしました。考えてみますと能舞台というものはとても便利なものでして、舞台を一回りすると場面が変わることもあり、正面の階《きざはし》をはい上れば川から陸に上がることにもなります。また舞台装置を準備しなくても元々能舞台で使われる一畳台、橋掛かりや切戸を活用することで場面の変化も可能です。この上演では、制約を受けない自由な空間である能舞台の特徴を生かして、言葉は豊富に喋り、舞台はなるべく様式的に、という方向で考える絶好のチャンスになりました。高齢になって洞田助右衛門の脂っ気も少しなくなり能舞台の良さへ気持ちが戻っての再演でした。

しかし、洗濯籠に乗せられて太郎冠者、次郎冠者に担がれて運ばれる場面は、私の体力を考えると不安がないとは言えず、いろいろな意味での挑戦でした。

※『文蔵』（狂言）…太郎冠者が都で、『源平盛衰記』石橋山合戦の場面に出てくる物を食べたというので、思い出させようと主がそのくだりを仕方話に語る。

※『髭櫓』（狂言）…大髭が自慢の夫が、髭をめぐり妻と喧嘩となる。妻は武装した近所の女房を引き連れ攻め、夫は髭に櫓を掛けて防戦する。

【食道楽《くいどうらく》】

美食家で栄養満点、百歳になっても健康そのものの大名が昼寝を始めると、大名の目・鼻・口・耳・胃・手・心が現れる。彼らは、自分たちの本体である大名の長寿を寿ぎ、その秘訣について話し合いを始めるが、料理を味わうのに一番必要なのはどの器官かをめぐって口論になる。それぞれが自らの重要さを語るが、食道楽にはどれも欠けてはならず、一致協力が大事という結論に至る。やがて目を覚ました大名は気分よく謡い出し、各器官も加わって賑やかに幕となる。

新作狂言『食道楽』は、平成二十四（二〇一二）年十一月に二回、東京・千駄ヶ谷の国立能楽堂で上演しました。原作は希代の美食家で料理人、陶芸家で知られる北大路魯山人の著作『料理王国　春夏秋冬』の中にある狂言『食道楽』です。脚色・演出とシテを私がしましたが、息子の萬斎や弟子の石田幸雄らの協力を得て出来上がった作品です。

以前、文学座の演出家、故戌井市郎さんからこの作品の話を聞き、いつかやりたいと興味を持っていたのが、ようやく実現にこぎつけたのです。戌井さんは文学座の養成所の生徒たちの稽古のためにこの作品を使っていたそうです。

『食道楽』大名・野村万作、目・石田幸雄、鼻・深田博治、口・中村修一、耳・高野和憲、
胃・月崎晴夫、手・岡聡史、心・野村萬斎、笛・槻宅聡、太鼓・桜井均　平成24(2012)年
撮影:政川慎治

私はある日、魯山人の弟子を自認する旧知の懐石料理「辻留」三代目主人、辻義一さんを訪れ、著作権のことなどを相談した時、その中で『食道楽』は「一ファンが自分のことを書いたものだ」と注記されている点に話が及び、なんとその一ファンとは、早稲田大学時代に狂言研究会で私が狂言を教えたことのある、友人であるらしいことが判明したのです。斎藤明君といって一時期は魯山人の秘書を務めたことがあり、晩年はＮＨＫで台本を書き、父万蔵と弟万之介の稽古風景を撮ったドキュメンタリー『ここに継ぐもの』の台本も書いた人でした。学校での国語教育にもふさわしい新作と思っております。

『食道楽』は美食家の大名（シテ）が昼寝中、目、鼻、口、耳、胃、手、心など七つの身体の部分が飛び出してきて、てんでに大名が食べ物をおいしいと感じるのは、自分のおかげだと主張し合う。最後はすべてが参加するから、物をおいしく食べられるという結論になっています。フィナーレには人間の「絆」を大切にした謡を新しく作りました。「…生き物多きその中に、人間だけに笑いあり、一度怒れば一つ老い、笑えば歳は若返る。旅は道連れ世は情け、みんな違うが手をつなぎゃ、一つになってトウトウと、命つなぐよトウタラリ。たえずトウタリ、たえず食うたり食道楽」。これは平成二十三（二〇一一）年三月に起きた東日本大震災への思い、「絆」のイメージも念頭に置いたつもりで作りました。

異流共演の原点

平成十四（二〇〇二）年の「万作を観る会」において先代の茂山千作さんと『連歌盗人』を演じましたが、最近では異流との共演をとやかく言う風潮も無くなり、狂言でも能の方でもしばしば共演が行われるようになってきました。私は京都の茂山家と多くの交流をしてきました。古典の狂言を共演するのみならず、新しい作品を異流が一緒になって作ろうという試みも盛んに行ってきました。先代の千作・千之丞兄弟と時代を共に歩んだわけです。たとえば『彦市ばなし』（木下順二作）を初めて演じたキャスティングは茂山千之丞さんの彦市、殿様が茂山千作さんで、私が天狗の子でした。これは『夕鶴』から始まった狂言向上、狂言再認識の運動とも言うべき流れと言えます。異流共演はこうした様々な新しい試みをした中の一つだったわけですが、古典の狂言では『武悪』『止動方角《しどうほうがく》』（※）『末広かり』『蝸牛《かぎゅう》』（※）『宗論』『昆布売《こぶうり》』（※）『萩大名』『連歌盗人』『右近左近《おこさこ》』（※）などなど、随分共演を重ねてきました。

異流との共演の初期の頃のお話として一番思い出に残っているのは、若造であった私が先代の山本東次郎さんと父親（六世万蔵）の間に挟まって太郎冠者を勤めた『武悪』です。この経験はある意味で自分の芸の原点といっても良いような思いがあります。先代山本東次郎さんというと、芸風を表した横軸を書くならば両端を写実と様式・象徴とした時に、一番写実的な芸をする人＝善竹彌五郎さ

『末広かり』果報者・茂山千作（四世）、太郎冠者・野村万作　平成18（2006）年
写真提供：金の星渡辺写真場

ん、真ん中に野村万蔵、そこより少し写実寄りに三宅藤九郎、そして一番様式・象徴＝山本東次郎さんとなる方です。私たち東京では、当然若いころの芸というものは仕込まれ方も含めて、意識としては様式・象徴寄りなのです。この図式は確か増田正造さんの文章の中にありました。ですから一番様式的な人と若造が向かい合ってやらしてもらったわけで、その刺激の強いことといったらありませんでした。その時東次郎さんに「いやあ、変な大蔵流の人とやるより気合があってよほどいいよ」とおだてられたことを覚えています。若い時には、彌五郎さんの芸にも刺激を受けましたが、父の芸への憧れと同時に、こういう様式性の強い芸にも憧れを持ったものでした。父が先々代の東次郎さんにある憧れを持った時期があったということともつなが

るのかも知れません。いずれにせよ私の異流共演の原点はこの『武悪』にあるといえます。

狂言においては、同じ流儀であるといっても和泉流であれば私どもと名古屋の又三郎家や狂言共同社では台本がかなり違いますし、大蔵流でも京都茂山家と東京山本家では芸風が大きく異なります。また同じ家の兄弟であっても、師匠である親が死ぬと芸が違ってくるものです。それは基礎として習ったものからだんだんと自分の個性が色濃く出て行くからで、狂言においては百花斉放、そういった多様性はとても大事だと思います。ですから舞台を勤めるということはある意味では常に〝異流共演〟なのだということもいえるでしょう。異流でなくても常にしのぎを削ってぶつかり合えれば、いい舞台ができるのではないかと思います。ですから異流共演の真剣勝負的な精神は、舞台を生きるための原点だと思うのです。

※『止動方角』（狂言）…主の命で伯父から借りた馬には咳をすると暴れる癖があった。主に理不尽に叱られた太郎冠者は、主の乗った馬の後ろで咳をする。

※『蝸牛』（狂言）…太郎冠者に蝸牛（かたつむり）と勘違いされた山伏は、蝸牛になりすまして太郎冠者をからかい、囃子言葉に乗って共に浮かれる。

※『昆布売』（狂言）…若狭の昆布売が大名に脅され、太刀を持たされ供をさせられるが、隙をみて太刀を抜き逆に大名を脅し、昆布を売らせる。

※『右近左近』（狂言）…和泉流での曲名は『内沙汰《うちざた》』。左近を訴えるため、右近は妻に地頭（役人）役をさせ、訴訟の稽古をする。

第五章　狂言の種々相

狂言謡

狂言は台詞劇ですが、台詞とは別に抒情的な音楽と言える狂言謡があります。能に比べ、軽く日常的な内容、その一種に小舞謡があり、短い詞章で、舞がつき小舞と言います。「小」は「かわいい」の意でしょうか。私どもには約七十曲の小舞謡があり、中世の室町歌謡や能の謡、明治期に消滅した鷺流から取り入れた曲など様々あり、そのうち『鎌倉』『住吉』など六曲は、謡い方に細かく特殊な節回しがあり、小歌と称して難しい小謡となっています。

また、能の型のような、抽象的な動きも見られますが、日本舞踊的な鞠をつくなどのあて振り、弓を引く格好などもあり、様々な所作が入っています。小謡で発声とリズムを鍛え、運歩、構え、型は小舞で身につける、それが狂言の基礎づくりになるのです。

小舞謡は大きく内容を分けると、狂言の酒盛りのシーンで自在に使う曲と、狂言『若菜《わかな》』(※)の『雪山《ゆきやま》』『大原木《おはらぎ》』などの曲、狂言『花折《はなおり》』(※)の『道明寺《どうみょうじ》』というように、本狂言や間狂言の中で決められている小舞や謡があります。また、小舞は独立して紋付袴で舞うことも多くあります。

一番ポピュラーな曲を一つあげれば『七つ子《ななつご》』でしょうか。日本舞踊や京舞にも取り入れられています。

七つになる子が　幼《いたい》けなこと言うた　殿が欲しと歌うた
さてもさてもわごりょは　誰人の子なれば　定家葛《かづら》か　離れ難やの　離れ難やの
川舟に乗せて　連れておじゃろにゃ　神崎へ　神崎へ
そもさてもわごりょは　踊り人《ど》が見たいか
踊り人《ど》が見たくば　北嵯峨へおじゃれの
北嵯峨の踊りは　つづら帽子をしゃんとして　踊る振りが面白い
吉野初瀬の花よりも　紅葉よりも　恋しき人は見たいものじゃ
処々お参りゃって　疾《と》う下向めされ　咎をばいちゃが負いましょ

日舞ではいちゃに扮して子供に話しかけるように踊りますが、小舞ではその状況をいわば客観的に舞うのみで、扮することはしません。

このように室町時代の流行り歌が主で、リズムもさることながら軽みというか明るく軽快な感じが特徴です。

狂言には小舞謡とは別のかたちで、詞から語り、そして謡へと段々に昇華していく、そんな曲が幾つかあります。『花子』の謡などはよい例です。こうした曲は謡を歌として十分に聴かせる面と、その中身をわかってもらわなくてはならないという両面を持っているのです。特に『花子』の場合は心境を歌にしている所が多いので、きれいな歌だなと、節（メロディー）だけが印象に残るのではなく、状況、心境、情緒を見所《けんしょ》に訴えかけなくてはなりません。当然古典の詞ですから観客にとっては意味がわかりにくいところも多いわけで、演者はただ歌っているだけではなく、その節と詞を噛み砕いて自分の身に付けなければ、そういったものは伝わらないと思います。たとえば『花子』の謡のクライマックスである「月細く残りたりや」の一節を謡うときは「月」「細く」「残る」という詞が観客に伝わらなくてはなりません。

『楽阿弥』野村万作　平成30（2018）年　撮影：政川慎治

もちろん、このようなことは『花子』に限ったことではなく、狂言の謡の特色だろうと思いますが、どんな曲のどんな詞、語り、あるいは謡でも、状況、心情、情緒の三つの要素が入り混じっていないと厚みが出ません。

謡といえば舞狂言につ

いてもお話ししなければならないでしょう。舞狂言というのは『楽阿弥《らくあみ》』、『蛸《たこ》』(※)など、能のもじりであったり、能のパターンを真似している狂言です。といっても狂言ですから、その謡は詞をはっきり謡っていかなくてはなりません。私は稽古で「節ばかりを謡わずに詞を謡うように」と言うことがよくありますが、舞狂言の謡には節(メロディー)の多様性はそれほどありません。それを多彩に謡うにはリズムを強調することによって詞を訴えかけるのです。代表的な舞狂言に能『頼政《よりまさ》』のパロディーで『通円《つうえん》』というお茶を題材にした曲がありますが、その詞の面白さは狂言の節だけで謡うと伝わりません。リズムを強調して謡うことによって「頼政」の詞章のもじりが生きるのだと思います。

小舞謡でも舞狂言でも舞と並んで謡は狂言の修業の大事な一面です。しかし特に舞狂言などは最近演じる機会が少なくなってきましたし、段々こういうものがわかりにくい傾向になっています。その価値も観客に伝わりにくいのでしょうが、ただ私としては観客に舞というものを観てもらいたい。舞や謡がしっかりできるということが狂言の修業の大切なところであり、狂言の多様な作品としても価値があると私は考えているからです。

※『若菜』(狂言)…果報者とともに大原・八瀬に来た海阿弥が、若菜を摘む大原女たちを酒宴に誘う。
※『花折』(狂言)…桜の番をする新発意だが、寺の外の花見酒にひかれて花見客を寺に入れ酒宴となってしまう。
※『楽阿弥』『蛸』(狂言)…楽阿弥は尺八の吹き死をした僧の霊、蛸は清水の浦で捕られ食われた蛸の霊がシテ。

小舞『春雨』

狂言小舞を独立して舞台にかけるという機会は多くはないのですが、なかには大変魅力的な曲があります。なかでも『春雨《はるさめ》』という曲は私の好きな曲です。

春雨に　さす傘《からかさ》の　柄洩りして
袖捲《まく》りして
空見て　日や　おりゃるろ
しょぼと濡れたも　よいものを
かまへて干さいな　よい日にも

小歌節という謡自体が情緒的な性格を持っている小舞ですが、とてもしっとりと謡い舞うので、まるで武原はんの地唄舞の世界を見るような気がします。私の父（六世万蔵）はこれらの小舞の特徴について「妙」という言い方をしておりましたが、能とは違う情景を描き出す狂言独特の舞です。

能でも「序破急《じょはきゅう》」と言われるようにもちろん一曲の中、舞の中に大事な要素として緩急《かんきゅう》がありますが、狂言はその緩急をあえて目立たせるところがあります。いかにも「緩」、いかにも「急」と変化を細かに表出するのです。

例えば「春雨にさす傘の」と言って傘をさす格好をして、水が漏れてくるというので、その水が漏れるところを手で受けるというところは静かに。「袖捲りして」は水が漏れてきて袖を濡らしたからと急に勢いよく袖を捲る。かと思うと、次はゆっくりと顔の前に開いた扇を持ってくる鏡という型から、「空見て　日やおりゃるろ」と扇をあげて空を見る。そうするとお日さまが居る、と。「しょぼと濡れたもよいものを」というところは、もう本当にしっとりと「しょ〜」といくら引っ張ってもいいぐらい緩める、という具合です。

この『春雨』の例のように狂言の小舞は能の舞と比べて謡の言葉に振りを当てる、つまり「さす傘の」と言ってさす振りをするというように、いわゆる当て振りの型が多いのが特徴ですが、その型をこのように思い切った緩急や型と型の間の静止でもって見せることによって、その情景を鮮やかに、またしっとりと描き出しうるのだと思います。それが「妙」なのではないかと思います。

狂言と舞歌

私たちは『靫猿』の子猿の役で初舞台を踏むことが多いのですが、狂言の小舞で初舞台を踏む場合もあります。たとえば祖父（初世萬斎）の初舞台は小舞『花《はな》の袖《そで》』だったようです。また、猿で初舞台を終えた後はすぐに小舞を習いますし、あるいは猿ではない別な狂言で初舞台を踏むのであれば、同時に小舞を習うということもありましょう。

子供のうちはできる狂言というのは限られているし、子方のある曲は余計さらに限られますから、ことに狂言会というものを持っている家であれば、そうした年齢のときには狂言ではなく小舞をやらせます。昔、我が家の「よいや会」という狂言会などでは、狂言三番ならその間に子供の小舞を一番二番挟む、そんな番組がよくありました。父のお弟子に中島梅子という人がいて、女の子に小舞を教えていました。その女の子と並んで小舞をしている昔の写真が残っています。もちろん大きくなってから習う難しい小歌の類などもありますけれども、そうではない『海道下《かいどうくだ》り』『七つ子』『貝盡《かいづく》し』ぐらいまでは子供のうちに習いました。

大人になってからやる狂言には随所に舞や謡が織り込まれており、どれもが非常に重要な要素となっています。酒盛りの中での謡と舞、たとえば『樋《ひ》の酒《さけ》』（※）では謡・舞があることによって一曲がとても盛り上がります。『棒縛』も同様です。『末広かり』は話の筋は単純ですが、囃子物によって

戦争まで ＊

歴史を決めた交渉と日本の失敗

〈高校生連続講義シリーズ〉

加藤陽子

四六判／480頁／1700円

かつて日本は、世界から「どちらを選ぶか」と三度、問われた。より良き道を選べなかったのはなぜか。当時の世界を再現。日本近現代史の最前線。

絵を見る技術

秋田麻早子

四六判／288頁／1850円

「この絵の主役はどこ?」「バランスがいいってどういうこと?」謎を解く鍵は、絵の中に隠された「線」にあった。大人気ビジュアルリテラシー講座、待望の書籍化。

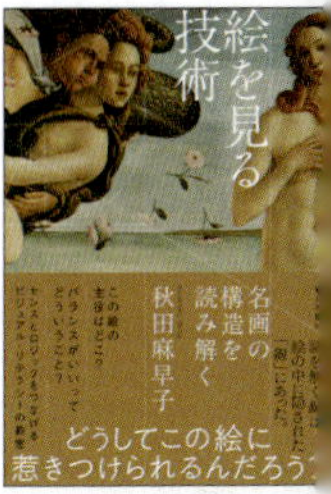

自殺会議

末井 昭

四六判／368頁／1680円

「生きてることに意味はないかもしれないけど、あなたが生きているだけで意味が生まれるのです。」
自殺に縁のある人たちと明るく話す、自殺の話。

一曲の雰囲気が作り上げられるわけで、これこそ和楽といえる狂言らしい世界ではないでしょうか。
間狂言の中にも、能力の役で子供を喜ばせるために、「いたいけしたるものあり」と小舞『風車《かざぐるま》』を見せる『鞍馬天狗《くらまてんぐ》』（※）や『三井寺《みいでら》』（※）といったものがあります。『風車』はおもちゃ尽くしのような謡ですから舞も写実的な所作になります。

また舞歌が戯曲の中に効果的に入り込んでいるものとして、そのキャラクターの心情を謡や舞の所作にのせて表現するものもあります。たとえば『合柿《あわせがき》』（※）の柿売りがトメに、柿の入った籠を散々に引っくり返されてその心境を謡と多少の所作に委ねて表していますが、この謡によって曲の格を上げてくれているという気がします。『川上』にしても『鎌腹《かまばら》』（※）や『柑子《こうじ》』（※）にしても同様です。
「追い込み」の「やるまいぞ」ではなくこうした舞歌の強調を和泉流の一つの傾向と言う研究者もいるように思います。たとえば『水汲』（大蔵流では『お茶の水』）や『鎌腹』、あるいは『鳴子《なるこ》』（※）（大蔵流の『狐塚《きつねづか》』の小歌入りの小書にあたり、和泉流では『狐塚』を『鳴子』と曲名まで変えて積極的に謡を入れている）の他流との違いです。それに『金岡』などは現行では和泉流だけにありますが、かなり能がかりの謡と舞になります。このように一曲のクライマックスを謡と舞の表現によって盛り上げる、その最高の曲が『花子』や『庵の梅』『枕物狂』といった老人物になっています。

和泉流の中で難しいということになっている作品群を見渡すと大抵はそういうもののようです。『狸腹鼓』『釣狐』『花子』『金岡』『枕物狂』はもちろんのこと、『比丘貞《びくさだ》』も老尼が舞を舞いますし、

『越後聟《えちごむこ》』（※）では舞を舞って羯鼓を打つ、『唐人相撲《とうじんずもう》』（※）には帝王の楽《がく》があります。『木六駄』は酒盛りでの『鶉舞』、『法師ケ母《ほうしがはは》』（※）の後半はほとんど能がかりの物狂いです。『庵の梅』ではシテの小舞が中心となりますし、『八尾《やお》』（※）も文を読む謡の大切な曲、『歌仙《かせん》』（※）はカケリという囃子が入りますし、『大般若《だいはんにゃ》』（※）では神楽、と枚挙に暇がありません。

　こうした狂言を支えるのが、冒頭にお話しした子供時分の小舞と謡の修業なのであり、とても大事なことなのです。舞歌の二曲というのが能の演技の基本になっているのと同じように狂言でも舞と謡というのが基礎になった上で、狂言の台詞があり動きがあるということです。言葉で言うのは簡単ですが、それをどの程度修業の一環として意識してきちっと身につけているかというのはやはりそれぞれに差があります。『住吉』は狂言の小舞の中では最も重く難しい曲で、とても静かな動きですが、ああいう種類の叙情的な曲も狂言の舞の中に入っているのです。それとは対照的に『景清後《かげきよのち》』とか『蟬《せみ》』と言えば、強く荒々しい動きです。しかし能の二番目物、三番目物とでそれぞれの特徴があるごとく、狂言の中にもいろいろな特徴があるものが存在するわけで、小舞においても同様です。そういうものを全部、我々はこなせなくてはいけません。私は片方しかできませんというわけにはいかないのです。狂言の場合はその多様性を少しの人数で、または独りで表現しなければならぬのが特質と言えましょう。

※『樋の酒』（狂言）…米蔵と酒蔵の番を言いつけられた太郎冠者と次郎冠者だが、蔵の間に樋を掛け渡し、酒を流して飲んでしまう。

※『鞍馬天狗』（能）…鞍馬山の天狗が少年牛若に兵法の奥義を伝える。

※『三井寺』（能）…人買いにさらわれた子と母が三井寺で再会する。

※『合柿』（狂言）…売り物の柿が甘いことを示そうと、柿売りは口笛を吹こうとするがうまくいかず客に打たれる。

※『鎌腹』（狂言）…なかなか仕事に行かないことを妻になじられた太郎は逆に腹を立て自ら腹を切ろうとする。

※『柑子』（狂言）…主から預かった珍しい三つ成りのみかん（柑子）を食べてしまった太郎冠者が言い訳する。

※『鳴子』（狂言）…田の鳥を鳴子を鳴らして追う太郎冠者と次郎冠者。やがて主人のさし入れで酒宴をはじめる。

※『越後聟』（狂言）…舅に所望され、聟が越後の獅子舞を舞う。

※『唐人相撲』（狂言）…唐に滞在していた日本の相撲取りが皇帝に帰国を願い、最後の相撲を所望される。数十人が出演する狂言中最も人数を要する演目。

※『法師ヶ母』（狂言）…夫は酔った勢いで妻を追い出すが、翌朝我に返り、物狂いの態で妻を探し回る。

※『八尾』（狂言）…河内国八尾の罪人が六道の辻で閻魔に出会うが、罪人は自分を極楽に送るよう書かれた地蔵からの文を持っていた。

※『歌仙』（狂言）…絵馬に描かれた六歌仙が、月見の宴で小野小町をめぐり争いとなる。

※『大般若』（狂言）…僧と巫女が同時に祈禱することになるが、読経と神楽がかちあい争いとなる。

能と狂言

狂言師の役割の一つに能の間狂言《あいきょうげん》というものがありますが、私たち狂言の演者は間狂言を大変大切に考えています。和泉流の二百五十四番の本狂言だけがうまくできたり魅力的なだけでは狂言の役者として失格だと思っています。間狂言においても皆から認められる修業を積んでいかなければいけない訳で、当然本狂言で魅力的な舞台を展開している演者は間狂言においても魅力的であるはずです。そのくらい幅のある演技者になっていかなければいけないのです。

間《あい》狂言は間《あい》ともいい、能の中で狂言方が受け持つ部分を指します。単独で演じる狂言は本狂言といいます。能はシテ方、ワキ方、狂言方の三者が役者。これに音楽の囃子方、コーラスの地謡が付きます。シテはメインの役として非常に様式的、荘重な世界を描こうとし、相手役のワキは少し現実に近く、間《あい》は一番現実的なパートです。

『安宅《あたか》』など劇的な能の中で感情を一番具体的に表現するのが狂言の役で、一番抑制するのがシテの弁慶。しかし間《あい》は本狂言より様式的な演技を求められます。そうでないと一曲の能が崩れてしまうからです。それには能全体を把握する必要があります。国立能楽堂が一時狂言の養成を三期ほど途絶えさせました。「もう狂言師が増えたからいいだろう」と。しかし、多角的に能を勉強し間狂言をきちっとできる狂言師を養成すべきだと進言し、復活させてもらいました。

三十〜四十代のころ、私はシテ方の観世寿夫さん・静夫さん兄弟との結びつきの濃さがあり、その影響を受けた一つが舞、謡を大事にしなくてはいけないということです。狂言は能と共通する面があるはずで、単なる芝居ではありません。私がこだわってきた狂言はみんな舞歌《ぶが》を大切にしている曲ばかりなのです。

たとえば『月見座頭』。月が見えなくても虫の音を楽しもうと野辺に出た座頭は上京の男と出会う。歌を詠み酒盛りして別れたが、その男が戻り、座頭を引き倒して逃げる。人の二面性がうかがえる曲ですが、学生主催の会で試演しました。これを含め、若いころ私と兄とで演じ、大変評価された曲が『水汲』『清水座頭』『川上』『節分』などです。

いささか手前味噌になりますが、私は昭和四十七（一九七二）年、四十一歳の時、観世流・大槻秀夫さんの能『定家《ていか》』（※）の間狂言で芸術祭優秀賞を受けました。次の年に、和泉会の和泉元秀さんの『花子』のアド、また次の年金剛流・豊嶋訓三さんの会の『文蔵』のシテで三年連続で賞をいただきました。芸術祭参加の主催者でなく、客演の私が賞をいただいた。当時の自分の気迫が思い出されます。

私の理想とする「美しい狂言」ということを考えた時に、いわゆる舞歌の修業（舞と謡の修業）に支えられて美しい狂言の演技ができるわけで、その舞歌の修業に直接結びつくのが間狂言だと言えます。具体的に言えば『船弁慶《ふなべんけい》』（※）の間狂言で、走って幕に入り船をパッと持って走り出る。その動きが美しくなくてはいけません。肩を揺すってフラフラ出て行ったのでは駄目なのです。間の言葉にもいろいろあって、たとえば『船弁慶』の船頭ならばござる調の部分が多く、『井筒《いづつ》』（※）の間ならば候調でシテの幽玄な雰囲気に沿って語らなくてはいけません。語る内容も様々で能の語っていることと同じ内容ではなく、能の内容と重複しない別のことを語っている間もあります。

間狂言を聞いて「ああ、こんな所もこの能にはあるのか」と気付くことを語る、そういう語りは大変意味があり魅力的でもあります。その良い例が『姨捨《おばすて》』という大変に重い能の間狂言です。能では山に捨てられたお婆さんが月に戯れて舞う世界を描くのですが、どうして捨てられることになったかという話は間狂言を聞かなければ分からないのです。私の父（六世万蔵）が、お婆さんがかわいそうで自分で語っていて泣けてくると言っていたのを思い出しますが、大変に良くできた語りです。

また『船弁慶』の他にも狂言的な要素の多い間狂言である『安宅《あたか》』の強力、『道成寺《どうじょうじ》』の能力といったものの時は、どの程度一曲の能の中で狂言の味わいを出して良いかという判断が演者の美意識というか考え方に拠って違ってくるわけです。ただただおかしくしてしまうということなのか、能の中での狂言だという範疇にとどまろうとするかというところを、私などはすごく意識をしてやっています。ですから私は教えている者によく「間狂言は能に沈潜しなければならない」と言うのですが、華やかに浮き上がるのではなく、能の中に沈みながら一曲を盛り上げていく、その辺りがなかなかに大変な所です。能を別角度からより盛り上げなくてはいけない、それが狂言の役目です。能と狂言の関係は「能 and 狂言」いうことで、また、「and」であるとともにある意味でイコール、「能＝狂言」という面もなきにしもあらずなのです。狂言は能と同じものを志向しているわけではありませんが、能の志向するものがバックボーンになくては狂言の演者としては駄目だというわけです。それが舞歌の修業でもあるのです。

間狂言のことを知っていただくには能を見ていただくのが一番なのですが、昨今狂言ファンと能ファンが分裂してしまっている傾向が強いようです。私は狂言の演者として、狂言の会を中心に観てくださる観客の皆さんにも是非能に興味をもってほしいと申し上げたい。「万作を観る会」で、能『姨捨』の間語りとともに能の一部を仕舞としてお観せしたのもそのひとつで、能への橋渡しをしたいとの思いからでした。

能の曲趣も様々ありますので、能をあまりご覧になったことがない方であれば、まずは『船弁慶』などのように劇能と呼ばれるストーリーのはっきりとした能から入っていただくとわかりやすいでしょう。それで、そこからだんだんに舞歌中心の幽玄な味わいの曲に足を運んでいっていただければと思います。

狂言だけ好き、狂言だけご覧になる、という方の鑑賞眼もさることながら、狂言も好き能も好きで両方よく観ている方の鑑賞眼というものを私は意識したいのです。やはり少しでも幅広く観ている方が、さらに言えば能楽の枠をこえて歌舞伎も観ている、現代劇も観る、そういう方々が、ある曲のある役を私たちが演じた時に評価してくださると常とはまた違った意味合いの喜びがあると思うのです。

それに、やはり狂言は能と交互に上演されるのを建前にしてきたものですから、能あっての狂言、狂言あっての能という結びつきから離れることはできませんし、狂言の演者の身体についても同じことが言えます。まずは一番身近な能を観ることを通して狂言を見るということで、能とともに歩んできた狂言の質を理解してもらえるのではないかと思うのです。

そのような眼で観ると狂言の『鳴子』や『水汲』などについても、いつもの狂言よりも台詞が面白くないなという風にではなく、狂言の歌謡性の面白さというものを楽しんでいただけると思うのです。『鳴子』のような類いの曲を音楽的、あるいは舞踊的な見地から鑑賞するということは、ただストーリーとして面白いとか、台詞がおかしいとかいうのとはまた違った、美しさ、快さを感じ取ることができましょう。

私は常々、狂言の演者は「美しさ」「面白さ」「おかしさ」の順で芸を考えなくてはいけないという言い方をしています。一方で観客の皆さんのことを考えると台詞の「おかしさ」、狂言の「おかしさ」がまず好きになって、次にその「面白さ」が好きになって、ついには狂言の「美しさ」を感じるようになり、それが好きになっていく。そういった「おかしさ」から「面白さ」へ、そして「美しさ」と昇華していく思いで狂言をご覧になる観客の皆さんが増えていってくださることが一番の理想だと思っています。そしてその「美しさ」の先には、能に連なっていく要素があるように思うのです。演者としても観る側としても、狂言を追求していくと能に連なっていくところがあるように思います。

ともに歩んできた能と狂言の間には、間狂言、舞、謡、語りといったさまざまなつながりがあると思います。能を観ることを通して狂言を観る、それは即ち、より深く狂言を知っていただくということになっていくのだと思います。

私はこのごろ能のことを思ったときに、故観世寿夫さんが今生きていたらばどんな能を舞っているだろうか、そういうことを想像することがあります。ところがなかなかイメージが湧いてきません。彼が天性持っていた素晴らしさ、一方でそれを自ら壊しながら、時には前衛的な方向に、時には演劇的な方向にと、揺れながら模索しながら演じてきた彼の能が、もしも今私たち世代の人間として彼が生きていたらばどうなっているのか？

彼は今存命ならば九十四歳でしょうか。五十三歳の若さで去っていくまで、ぎりぎりの状態でさまざまな挑戦を続けていました。そして、私もそうした試みのそばにいました。半ば友達であり、同じ試みをしつつも、彼の天性持っているノーブルな能役者としての素質に非常に尊敬を持ち、それからまたそういうものを壊しつつ生きていく姿にも感心していました。

今、能の演劇性というと、いたずらにお芝居的な表現を能の中に取り入れるということで演劇的とする傾向があるような気がします。そういったことに対する試みは、彼はオイディプスをはじめ、「冥の会」（能・狂言・現代劇の人々の試みの集まり、昭和四十五年結成）や鈴木忠志さんの演出で散々やりましたから、当然そこから次の飛躍をしていたはずだと思います。そうすると能の演劇性についてどういうことを彼は目指すのだろうかという風に思えてくるのです。

たとえば能の中でのシテと狂言の対話ということで考えてみます。従来のようにシテの役割、狂言の役割というものを、狂言はどちらかというと劇的、写実的、あるいは感情的な演技を、それに対してシテ方はぐうっと押さえて感情をあまり表面に出さないような演技を、という風に単純にパターン化してしまうと、シテの狂言に対する詞はいかにも無表情で、狂言だけが激昂してしまいとても不自然です。そこでシテにも狂言とつりあうような劇的な演技がやはり必要であります。

ところが逆に、シテ方は狂言を相手にただ劇的に演ずることを追求すればよいとは私は思いません。それはシテ方、狂言方という立場で決まるのではなく、それぞれの能一曲の中での役柄を踏まえたうえで、静と動とか、抑制と発散とかという役の対立としてかみ合っていくかたちが一番劇的である、と私は思っています。

私の経験でも、いわゆる名人と言われるような方々と『自然居士《じねんこじ》』（※）などを何度かやったことがありますが、そういうときの名人の人たちの物言いは決して激昂しない、静かでかつ単なるパターン化された物言いとは違うのです。本当にうまい人の演技からは柔らかく優しい感覚を受けます。『自然居士』などは特にそういう面が必要な曲です。こうした表現が、いわゆる現代劇的演劇性といったものをいたずらに能に取り入れるということではない、能独自の演劇性というものではないかと思うわけです。

それでは観世寿夫さんならばどのように舞うか、と考えると、あれだけ劇的ということを追求していった彼ならば私がイメージするような名人とはまた違う、能の演劇性を目指していたかもしれないなどと思うのです。しかしこればかりは想像することばかりで雲をつかむような話なのかもしれません。

今狂言を取り巻く環境はずいぶん変わってきて、狂言が能とは別に単独で演じられることが多くなっています。ここまで狂言に対して独自の評価がなされてきたからこそ、過去のままの能とのつながりではなくて、狂言が独自の評価を得た上で能とのつながりを再認識するというのが私たちの世代、そしてその次の世代の役割なのではないかと思います。父の世代はそんなことを言ってはいられなかったけれども、私たちの次の世代になると、もうそういう状況が前提としてあるわけです。

このごろ私も長い静かな語りが出来にくいので滅多に間狂言をやらなくなっています。たまに演りますと誠に新鮮であらたまった気持ちになります。

※『定家』（能）…式子内親王の霊が藤原定家との恋の妄執に苦しむ様を語る夢幻能。
※『船弁慶』（能）…前場は頼朝に追われる義経と静御前の別れを描き、後場は大物浦から船出した義経一行に平知盛の怨霊が襲いかかる現在能。
※『井筒』（能）…紀有常の娘が在原業平との愛を偲ぶ。
※『自然居士』（能）…自然居士が京都雲居寺で説法中、親の供養のために自ら人買いに身を売った少女を救い出す。

乱能から思うこと

宝生流祖神祭乱能《らんのう》（※）という催しで『石橋連獅子《しゃっきょうれんじし》』（※）を萬斎と勧めました。乱能というとあまりご覧になったことはないかもしれませんが、多くの人がふざけてやりますし、なかばお遊びなのです。しかし、私の場合の乱能はふざける余裕がありません。

なぜかと言うと、乱能といえども能をやることでより能を知りたいという思いがあるからで、そう思うのは私が若い時分にシテ方の謡や囃子の稽古をしなかったからでもあります。今では、囃子の稽古をしておけばよかったと思っていますが、当時は狂言の評価の向上や芸の純粋性を保つという思いが強く、能の稽古には気持ちが向きませんでした。

そして、今そういう能全体を学ぼうという気持ちで乱能に取り組むとあらためて認識させられることは、能の舞台においては舞台上にすっくと立っている演者の身体の存在が、能特有の力強い感動に結びつくのだろうということです。『石橋』であれば、演者が獅子の雰囲気にべったりと浸るのではなく、獅子から離れて、獅子と対峙するかのようにすっくと立つ演者自身がいて、その実在感のうえに観客が獅子の世界を見出すという風でなければならないということです。演じる側からすると、それは『石橋』の中で実際に感じたことですが、静止している時間の尊さということです。無論『石橋』は激しく強い動きが中心の能ですが、却って静止している時こそ演者としての強さが求められるのです。それは能の中で静止している時間というのは表面的な演技からもっとも離れた時間であるからで、そこでも演者としての実在感を失ってはならないのです。

最近の風潮として、能も演劇である、だからお芝居のように役に入り込んだ演技をと思われがちかもしれませんが、それとはまったく違うことだと思います。この〝能も演劇だ〟という気持ちでいくと他の演劇の方がずっと優れているのです。誤解をおそれずに言うならば、むしろ能は（いわゆる）演劇ではないと、シラをきるぐらいの覚悟が必要なのだと思います。そしてそういう能こそが演劇なのだと。

たとえばそれは情緒的な能でも同じだと思います。『砧《きぬた》』であれば、砧打つ女の気持ちや曲の雰囲気というものに入り込みすぎてしまうと、またそれを巧く見せようとすると能としてはとてもつまらなく思えるのです。一方、表面的な写実を堪えに堪えてそれを内に込め、かつ美しい姿形で舞台上に演者がいて、そのうえに砧打つ女の世界を観客が見出した時に強い感動が生み出されるのではないかと思うのです。また、そういう修練が能の演者には求められるのだと思います。

これは能に限ったことではなく、何年か前に狂言の『枕物狂』をやった時に私は一所懸命に老いらくの恋というものに思いをいれてやりました。そして案の定、観た方から真に迫っていたという感想をもらいました。しかしその時、真に迫ってしまったのではやはり面白くないのではないか、と思ったのです。恋に戯れる老人として戯画化し、楽しさやめでたさをあとに残すには真に迫ってはいけなかったのです。

こういう〃能〃的な考え方で狂言を捉えることを私は大事に思っています。その視点で言うと狂言の場合は見所《けんしょ》を笑わせようとするサービス過剰を戒めなくてはいけないと思うのです。ただ、これは今の私が自分の芸を磨くことを第一に考えるから言えることではあり、現実には特に初めて観に来られるような観客の方に対しては、楽しかったからまた観ようと思って頂くこともとても大事です。しかしそれでも過剰は戒めながら、そういう狂言の魅力に観客の方にもだんだんと共感して頂けるようにならなくてはと思うのです。狂言はあくまで狂言で、笑わせてナンボという喜劇とは違います。

＊乱能…通常の演能と異なり、演者が専門外の役を演じる上演形態。たとえば狂言方がシテや囃子を、シテ方が狂言や囃子をというように本職と異なる役を演じる。祝賀的な記念の催しとして企画されることが多い。
※『石橋』（能）…中国に渡った寂昭法師が石橋を渡ろうとするのを童子が引き留める。やがて獅子が現れ豪壮に舞う。小書「連獅子」では紅白二体の獅子が舞う。

アドの役割

『佐渡狐』（※）の佐渡のお百姓（シテ）と越後のお百姓（アド）、『宗論』の浄土僧と法華僧、『附子《ぶす》』（※）や『棒縛』での太郎冠者に対する次郎冠者というふうに、シテと同じウエイトを持ったアド役のある曲が狂言では幾番もあります。こうした曲でのアドの役割は、感じが似ているからといってシテと同じような演技をしてはいけないということを私たちは習ってきました。シテの演技については洒脱に、時には軽妙に演じられることが多いわけです。それに対してアドはシテがそれをやり良いようにもっていってあげるという役割を担わなければならないのです。

それはどういうことかというと、シテと同じように自分のウマミを出す芸をするのではなく、場面を盛り上げるために自分の詞を言い、舞を舞い、シテが自由闊達に演じられるように基本となるエネルギーを常に保ってあげるということなのです。時には感情を抑えることも必要です。

たとえば、太郎冠者・次郎冠者のかけあいの中で頻繁に登場する「一段とよかろう」という詞ひとつとっても、シテの次の詞やそのあとにくる話のポイントとなる詞を言いやすい調子に保ってあげるということが必要なのです。また『茶壺』（※）のすっぱ（シテ）に対する酔っ払い（アド）の関係も同様です。このシテとアドは二人で同じ舞を舞いますが、きれいな線できちっと舞ってくれるアドに対して、それを自在にごまかして舞うシテ。つまりアドのきちっとした芸がシテの自在な芸を引き立てくれるのです。

アドが、こうしたシテとのあいだのエネルギーや調子を保つということは、曲の雰囲気を支えるということでもあります。それにはもちろん、ただ硬質なきっちりとした演技だけを行えばよいというものではなく、硬く演じつつもシテとの調和をはかっていかなければならないことは言うまでもありません。ですからアドとしての役割や演技が、シテを演ずるときにも意味を持ってくるわけで、アド役がきっちりとできなければシテ役もできないということになってくるのだと思います。

※『佐渡狐』（狂言）…佐渡と越後のお百姓が都への途上道連れとなり、佐渡に狐のいるいないをめぐり賭けをする。
※『附子』（狂言）…留守番を言いつけられた太郎冠者と次郎冠者が附子（毒）の正体をさぐる。狂言の代表的演目のひとつ。
※『茶壺』（狂言）…酔って道に寝込んだ男の茶壺をすっぱ（詐欺師）がとろうとするが、男が目を覚まし争いとなり、茶の産地などを仕形で舞って勝負をつけることになる。

書いても書き得ない、書いたものでは伝えきれないもの、演者にとっては習うことや経験することでしか身につけられないもの、それが「位《くらい》」というものです。一般でも「位」という言葉は使いますが、能・狂言の世界では独特の使い方をします。

位・位取り

習い事と呼ばれる『釣狐』『花子』『狸腹鼓』というような、いわゆる非常に難しく、秘伝という曲は位の重い曲ということになります。『花子』の前には必ず『金岡』をやり、『釣狐』の前には『節分』をやります。『金岡』『節分』も十分に位の重い曲ですが、『花子』『釣狐』は、より重くなるのです。位が重いということを言い換えると、位がある、ということになりますが、それは具体的に言えば、形の上では時間をたっぷりとって重々しい形で演じるということになります。しかし、それ以上に、中身の重さ、中身の詰まり具合が大事であると私は思います。

能の場合は、小書がつくとその曲の位が重くなることがあります。『小鍛冶《こかじ》』（※）という能が『小鍛冶白頭《はくとう》』になると、ある部分の謡を常よりもずっとたっぷりと重く謡ったり、緩急の変化を強調したりします。狂言には数少ないのですが、例を挙げますと、以前、私は『金岡』を『大納言』という小書でやりました。物狂いの「狂い」の部分を強調したいと思ったからです。装束が常の素袍・長袴ではなくお能のシテによく見られるような翁烏帽子に指貫という扮装で演じます。演出も違ってくるのです。カケリの部分が二度になります。常のものにはない「いかにあれなる童どもは何を笑う。なに物狂いなるがおかしいとや。うたてやな今までは、揺るがぬ梢と見えつるに、風の誘えば一葉も散るなり。たまたま心直ぐなるを、物狂いとおせあるゆえに、乱れ心や」と謡ってからカケリとなり「花の都の……」という常の謡に入ります。ところが普通の『金岡』ですと、幕が上がると「花の都の……」と謡いながら出るのです。位の違いがおわかりになるでしょう。そこに一つの狂いの表現がありますし、圧倒的に演出が面白くなるのです。

曲の位とともに、扮する人物にも位の違いがあります。位取りという言葉も使われます。演者がどれほどの位をもって演技をするのか、というのが位取りです。位の取り方、役の演じ方、位の表現の仕方と言えばわかりやすいでしょうか。

主人役を例にあげますと、「この辺りの者でござる」という言葉の言い方が、曲の位によって変わります。主人役がシテである『二千石《じせんせき》』(※)『文蔵』のように、家来を叱りに行くための登場ですと、ゆっくり重々しく言います。そこに位取りがあるのです。アド役の主人とシテ役の主人とでは位が違いますし、いわんや太郎冠者を叱りに行くという気持ちが、一つの厳しさを物言いの中にも表現していますから、自ずと『痺』の主人などよりは位が重くなるのです。しかし、軽い曲の、軽い主人の役であっても、一つの位取りがなくてはいけないと考えています。幕が上がって出てくるところを幕離れと言いますが、私は演者の幕離れをよく見ています。軽い狂言ですと幕はすっと上がります。そこをひょいと出ていくようでは位取りがありません。『附子』や『棒縛』のように軽い曲であっても、幕が上がってから一つ踏ん張って一足ずつしっかりしっかり歩き出すことで位が取れるし運歩の序破急も出るのです。推し進めて考えていくと、位取りというものは演者が舞台に出る心、姿勢、心構えとも言えましょう。

曲の重いものにおいては、その曲の位がありますから、アド役はシテよりは軽くはあっても、ある位取りが必要です。『枕物狂』では、アドの孫が出てきて最初に「この辺りの者でござる。それがし百歳に余る祖父御《おおじご》を持ってござる」と名宣りますが、かなりしっかりと言います。『附子』『棒縛』とは名宣の段階で位取りが違うのです。『木六駄』の場合は、名宣の部分で「何かと言ううちに年の暮れになってござる。いつも嘉例で都の伯父じゃ人の方へ歳暮の祝儀を遣わす」と言いますが、この言葉にはある種の描写・表現が必要です。単に重く言うということだけではなくて、しみじみとしたもの、季節感が、その中に出てこなくてはなりません。そこから曲は始まるのですから。こういう所に位取りがあります。しかも、淡々と言う中でそういうものを表現することがアド役の立場です。言葉だけではない、心の位が問題になっていかなくてはならないのでしょう。『川上』のシテの盲目の夫に対してはアドの妻も他の曲の女と違ってしっとりとした位が必要です。

位の重い、難しい曲を初めて習うときには、位取りを始めとした個々のきちっとした技術を正確にたたきこまれます。初めのうちには中身よりも形だけ重々しくなることがありますが、その重々しさがいつまでもこびりついていてはいけないと考えています。表側の様式性がだんだんに自分の体の中に入ってくることが大事です。若い時には外側の重さのみが中身以上に観客に押しつけがましく出てくるものですが、年齢を重ねると、中身を表現することによって外側の重さを感じさせなくなっていくと思うのです。かと言って『花子』が単なる笑劇になってしまっては困ります。

外側の位と内側の位が、渾然と一つになっていれば、演技というものは上等なものになっていると思います。そこには必ずしも作品が先にあって位が与えられるばかりではなくて、演ずる役者の方からそこに入り込んでいけるものではないか、位を作ることができるのではないかと思うのです。そういう意味でNHKの古典芸能鑑賞会で『萩大名』の異流共演をした時の先代大蔵彌右衛門さんの大名は、いかにも大名らしく心に残っています。位を取ってやっているというだけでなくて、大名の形がそのまま彌右衛門さんの人柄、或いは、その年齢の持っている心境のようなものに合致している、そんな感じでした。

言葉では表現できにくい、いろいろな面のある「位」。この「位」の意味を感じながら狂言を観ていただけるようにと願っています。

※『小鍛冶』(能)…勅命で剣を打つ三条宗近を狐姿の稲荷明神が相槌を打って成就させる。
※『二千石』(狂言)…無断で出かけた太郎冠者を主が叱ると、都で流行る「二千石」の謡を太郎冠者は教えるが、その謡は自分の先祖が大切にしていたものと逆に主は怒り出す。

狂言の違い――流儀・家・芸質――

同じ名称の曲でも和泉流と大蔵流の狂言では、その台本が違い、演出も違うことに驚かれる人もいるのではないでしょうか。

流儀による違いがあるということでは、たとえば『舟渡聟』という曲があります。和泉流では、舅への祝儀の酒を持って聟入りする道中、渡し船の船頭にその酒を無理やりに飲まれてしまう。対面した舅は実は先ほどの船頭だったという筋書きで、最後には二人の和合という意外な結末が用意されています。この意外な展開に工夫があり、大変上質に出来ていると思います。一方、大蔵流では船頭と舅は別人で、聟は船頭に無理やり口を切らされたはずの酒を一緒になって飲み干してしまい、空の酒樽を舅のもとへ持って行き恥をかくという筋書きになっています。こちらは他の聟入りの狂言の『二人袴《ふたりばかま》』（※）『八幡前《やわたのまえ》』（※）と似ていて、聟の失態ということが主題になっていると言えるでしょう。

筋書きが異なるという以外にも、これは細かな言葉の違いですが『末広かり』などすっぱ（詐欺師）が登場する曲で、すっぱが田舎者に要求する金額を和泉流ではたいてい「万匹《まんびき》」と言いますが、大蔵流では「五百匹」と言うことが多いように思います。「万匹」の方がいかにも大袈裟な言いようですが、これも誇張の一つとしての工夫なのだろうと思います。

先ほどの『舟渡聟』もそうですが、大蔵流との比較で言うと現行の台本や演出のかたちが成立した年代の新しい方が、より多く工夫が入っているように思います。私は研究者ではありませんので詳しくはわかりませんが、現行の狂言で言うと大蔵流の方が和泉流よりも成立した時期の古い曲が多いと言われています。ですから同じ曲でも和泉流の『舟渡聟』では通常の狂言のパターンに対して工夫がほどこされているのだろうと思います。またこうした工夫は様々あるのでしょうが、和泉流のひとつの特徴として舞歌の要素が多く盛り込まれているということがよく言われます。『舟渡聟』も謡い留めにしてしっとりと終わります。『水汲』は大蔵流の『お茶の水』ですが、住持が和泉流では登場せず、新発意《しんぼち》（見習の僧）といちゃ（娘）の小歌がより強調されます。こうした工夫は大変効果的だと思いますし、それゆえ私たちとしてもしばしば演じる曲になっています。もっとも、和泉流の方が古く成立したと言われる曲に『木六駄』があることも注目してよい説だと思います。つまり逆もあるのです。

こうした流儀や家による違いには、台本や演出の違いだけではなく型の相違、たとえば同じ和泉流でも私たちと野村又三郎家では構えたとき手を握るか開くかの違いがあるなど、本当に多くの相違があります。しかしこうした違いは片方が良くて片方が良くないということではありませんし、「うちの方」のやりかたが正しいなどと固執する必要はないと思います。思えば一昔前は、多勢物の曲で人手が足りないときなどには流儀の違う人にもお願いをして出てもらっていたような時期がありました。「うちの方」はこうだとばかり言っているような状況ではなかったので、お互いに助け合っていたのです。それが少し盛んになってくると、ある意味で小さくまとまっていってしまうということがあります。どのやり方でも、様々な工夫のうえに成り立っている同じ狂言であるということには変わりありません。

さて流儀や家による違いに加えて、もうひとつ、特に狂言では演者の芸質の違いということが同じ流儀、同じ家でもときに大きな印象の違いを与えることがあると思います。私の父・万蔵と叔父の三宅藤九郎は兄弟でも、役作りなどあまりせずにエネルギーで奔放に演じる父と、新作狂言などをたくさん作り研究熱心な叔父とでは印象が随分と違っていました。芸質は兄弟でも違いが出てくるわけで、その次の私たち兄弟の世代でも違いがありますし、またその次となるとだんだんにその違いが増幅されていくわけです。流儀や家による台本や演出の違い、それに演者の芸質による違い、こうした違いがたくさんある方が狂言としては豊かで良いと思います。ただし言うまでもありませんが、豊かで良いと言っても明らかに間違っているという相違はいけませんし、また未成熟な曲を工夫して演じるのはよいと思いますが、根拠なしに若い人が何でも自己流に演出を考えるのは伝統の継承の仕方としてよくありません。それぞれの演者が一つの能、一つの狂言の一番いい形はどうか、ということに集中して研究していくことが肝要であると思います。

芸質と言えば、周囲の狂言の家を見廻すと、親の芸により似ているのは長男より次男のようです。つまり長男のほうが先に父離れをし、それを埋めるように次男が父の芸を追うためでしょう。自分のことは棚に上げますが、茂山家、山本家ともに次男の方が長男より芸質が先代に似ていると思います。善悪ではなく狂言の家の必然のような気がします。

※『二人袴』（狂言）…妻の実家に初めてあいさつに行く「聟入り」の際、聟とその親の二人が一つの長袴を使わねばならなくなる。

※『八幡前』（狂言）…石清水八幡の長者が、一芸に秀でた者を娘の聟にとると高札を立てると、ある若者が弓の名人という触れ込みで乗り込む。

ダンスとかっぽれ

私は子供の頃から体を動かすことが好きで相撲や野球が得意でした。小学生のころ、金華山という十両の力士が学校に来て相撲を指導してくれた時は、生徒を代表して一番取りました。もちろん相手がわざと負けてくれました。当時駕籠町《かごまち》にあった都立五中の校庭での組対抗の野球では、塀を越えて隣の理科学研究所へのホームランを打ったりもしました。相撲も野球も能や狂言と同様、腰の入れ方が大切なのです。

一時寄席にも通いましたが、そのころはよくトリを務めた落語家が踊りを披露していました。幇間がやるような軽い踊り、すなわち「かっぽれ」とか「奴さん」などです。そういえば雷門助六という人の人形振りの踊りも絶品で、私の祝いのパーティでも踊ってもらったことがありました。

私は「かっぽれ」が大好きです。所謂少し本格をくずした飄逸味のある小技で力を抜いて踊る軽い味わいが何ともシャレていて魅力的だと思います。

昔、観世華雪先生（今の銕之丞氏の曽祖父に当たる方）の金婚式で寿夫、静夫兄弟など能の仲間と一緒に踊ったりしました。指導してくれたのが父の弟子の踊りの師匠でしたので、私は最も熱心に稽古したものです。いまでも少しは覚えています。

私の古希、喜寿、傘寿などの節目の年には素人のお弟子たちと舟遊びを楽しんだのですが、その時には、私も昔を思い出して「かっぽれ」を踊りました。数少ない幇間の一人、悠玄亭玉八さんを呼んだこともあります。玉八さんの演ずる老女が石段を上がり神社にお参りするパントマイム的な芸など大変好きで、『川上』で座頭が石段を上がる所作を思い出します。昔は、宴席でよく隠し芸をしたもので、父も叔父もエッチな所作の「玉之段」（能『海人』の仕舞の部分）をよく座興で舞っていましたが、若い時はその地謡をさせられるのが嫌でたまりませんでした。

洋風のものでは、マイケル・ジャクソンのムーンウォークが面白く、またマルセル・マルソーのパントマイムにも興味を惹かれ、何度も観ましたし、山形県の小《お》国《くに》町でのフランス人中心の生徒のためのワーク・ショップでも講師として一緒になったこともあります。

かっぽれを踊る野村万作　平成26（2014）年

特にマルソー氏の、人間の誕生から、青年、老年、死を描くパントマイム、白塗りの顔でのタイツ姿、一か所に立ったままで単純な動きによって深い人生を表現している芸には感心しました。いわば簡潔さと深味、狂言の芸との共通性もあると思えたのです。

また、私はラベルの「ボレロ」が好きで「ああ、これは『三番叟』の、繰り返しによりだんだん盛り上がっていく世界と同じだな」と若い時に思いました。前記のマルソーの一生を描くようなテーマを「ボレロ」を使って狂言の型で創作できないかと考えていましたが、実現できませんでした。ですが、そのうちに倅の萬斎が三番叟的な舞として創作し、繰り返し上演し好評を得ているようです。

ベジャール振付の「ボレロ」は盆の上で舞踊手が独舞し、その周囲を大勢が群舞する演出で、この振付に私は天鈿女命《あまのうずめのみこと》の岩戸の前での踊りを想起させられます。殊にショナ・ミルクという女性舞踊手の踊りの所演を観て感動したことがありました。

この「ボレロ」のような静から動へのダイナミックな表現も素晴らしいのですが、『PINA ピナ・バウシュ　踊り続けるいのち』という映画も良いものでした。ピナ・バウシュはドイツの世界的な舞踊家兼振付家で、この映画の中の「春夏秋冬」という踊りは、シンプルな動きの中に喜びや優しさが溢れていて、ダンスの技術を越えた素晴らしい人間讃歌の世界が感じられます。ダンサーたちが丘の上で普通の洋服姿で並んで、両手を挙げて輪を作りながら、自然体で柔らかく踊っていたその姿は、狂言の芸やマルソーのパントマイムの本質とつながる世界だと思いました。

第六章　海外公演と現在

海外公演

海外公演には今までに何十回と出かけています。

昭和三十二（一九五七）年、初めてパリ演劇祭に参加する喜多実団長率いる能楽団には兄と私、先代野村又三郎さんが加わりました。その時は、劇作家・飯沢匡さんが海外のマスコミが狂言を大変褒めた評や天井桟敷の若者が喜ぶのを見て、日本の新聞に記事を送ったりして、狂言が好評を得ていることを伝えてくれました。そのおかげで日本での評価も少し高まりました。

昭和三十八（一九六三）年三月末から約一年は、米シアトルに滞在し、ワシントン大学で私は父と狂言を教え、弟万之介との三人で狂言を演じました。大学に新しくできた「アジア芸術センター（Center For Asian Arts）」に招聘されたのです。ここには濱田庄司さんら陶芸家、関野準一郎さんら版画家、琴の専門家など日本の著名な人たちが大勢来ていました。

父はいったん帰国しましたが再渡米、兄万之丞、叔父三宅藤九郎らも来ました。公演が大成功を収めたためです。

同大教授のリチャード・マッキンノンさんがアジア芸術センターの責任者（副所長）でした。彼は日本生まれで、金沢の旧制第四高等学校に通い、日本語がペラペラ。父上は小樽高等商業学校で英語の先生をされていたのですが、二人とも戦争中、警察にスパイ容疑などで拘束された特異な経験を持たれています。彼は顔こそ外国人ですが、心は日本人、それも旧制高校のバンカラ学生の心を持っていました。「狂言は三人いれば、完全なものができる」との考えで、私たちを招いたわけです。

ところが、学生のガイダンスに狂言コースが落ちていて、学期が始まってから慌てて学生に声を掛

ジャン・ルイ・バロー（後列右から2人目）を囲んで　後列左から2人目・関弘子、3人目観世寿夫、右端・野村万作、前列右から増田正造、渡邊守章、3人目・荻原達子、左端・石澤秀二　昭和35（1960）年　撮影：吉越立雄

万作が指導した米国・ワシントン大学の学生による狂言『棒縛』
昭和38（1963）年

米国・シアトルにて六世野村万蔵（左）と画家マイク・トービー（中央）、陶芸家濱田庄司（右）　昭和38（1963）年

け、ようやく十五人ほど集めた、などのトラブルもありましたが、各大学を回っての狂言公演は反応がよく大変喜ばれました。

最初のアメリカでの公演はシアトルのセンタープレイハウスで、『三番叟《さんばそう》』『棒縛《ぼうしばり》』『梟山伏《ふくろやまぶし》』（※）を演じました。『三番叟』の途中、停電で囃子のテープが止まってしまい、やむなく後見座《こうけんざ》のところで後ろを向いてクツロぎ（座る）、停電が直るのを待ちました。当たり前のことなのですが、少しも騒がず、冷静に対応したと、その態度をみんなに褒められました。

米国で狂言が大変喜ばれたので、もっと紹介したいと思い、カナダ・バンクーバーのブリティッシュ・コロンビア大学教授だった加藤周一さんへ手紙を書いて「ぜひ狂言を呼んでください」と頼んだりもしました。

ミシガン大学はもともと日本文学が盛んで、日本から評論家の佐伯彰一さんが来ていて、現地の新間に狂言の批評を書かれていました。

公演では、観客のアメリカ人にどのように見せるのか、演出的工夫はどうするのか考えました。そのころ、字幕はまだなかったので、プログラムの解説と事前の解説、あとは「めくり」を使う見せ方でした。一、二、三……とめくりを付け、いま一だというと、一のストーリーはこう、二は……のようにプログラムに書いておくのです。誠に稚拙な方法でした。

海外公演ではやはり役者の表現力が物をいいます。父が演じた泥棒が瓜を盗む『瓜盗人《うりぬすびと》』の場合、泥棒一人だけが活躍するのですが、瓜畑に入り込み、瓜を盗む所作を私のブロークン・イングリッシュですが説明しました。「タイム・イズ・ナイト」今は夜だ。「ヒア・イズ・メロンフィールド」ここは瓜畑。「アイ・アム・スティラー」俺はドロボー。ここに「スケアクロウ」カカシが置いてある。これだけ言えば、これからやる所作は理解できます。父はその辺の表現力がものすごくありますので、昭和四十（一九六五）年、西ドイツ・西ベルリン（当時）の演劇祭で演じた時には大いに新聞に褒められました。「この演劇祭の名優は野村万蔵とローレンス・オリビエだ」と。

米国で大学公演に行くと、生徒の質はさまざまで、日本文学や日本語に興味を持つ人が集まってくれれば素晴らしいのですが、そうでないこともありました。海外公演は集まる観客の質、組織力、宣伝力が必要で、後ろ盾の会社のある歌舞伎と違って、能や狂言はその意味では微力です。

※『梟山伏』（狂言）…兄に頼まれ、山伏が弟に取り憑いた梟を祈り落とそうとするが、最後には三人とも取り憑かれてしまう。

アメリカでの『川上』

平成十五（二〇〇三）年十二月サンフランシスコ、ニューヨークなどで『川上』を演じました。言葉を英語の字幕で出すことにしたのです。それは外国公演での『まちがいの狂言』と『法螺侍』を演じた時、字幕により言葉に対する観客の反応が素晴らしかったという経験があったからです。作者の亡き高橋康也さんが自身で英語にされたのですが、日本語をしゃべっているシャレにまでこんなにも反応があるのか、と驚いたものです。

ですから『川上』では言葉のニュアンスがわかってほしいと、そこに集中しました。翻訳にあたってはサンフランシスコのシアター・オブ・ユーゲン（※）の人々にもっともふさわしい英語を研究してもらいながら作りました。ただ字幕に映せるのは三、四行です。全部は訳せませんし、しかもそれを事前に出しては困るし、事後でも困ります。だからほとんど同時に、しかし〝聞く〟と〝見る〟と、ちょっとずれたタイミングでスライドを出すことにしました。舞台と観客がいかにうまく呼吸できるかという演劇的タイミングをつくりだすのです。そのためのリハーサルを充分にしました。

するとこれが非常に効果的で、たとえば、妻にお地蔵さんのお告げでお前と別れなければいけないというところ。妻の「さては妾に暇をくれて、後でよい女房を持とうでな」に対し「そりゃまた持たいで」という。これは日本語としては大変わかりにくい言葉なのですが、この言葉が英語になることによって、はっきりと現代に通じる言葉になるのです。演者としては、皆さまが舞台にくいついて見てくださったと感じました。

つまり古典をやっている人間にとって、言葉が英語になるということは、演者は現代語で言っているわけではないのに、受けとるほうが現代の感覚で受けとってくれるという日本人との間ではありえない感覚があるのです。すると、お地蔵さんのお告げ、それに対する女房の反発、夫婦ともにお告げにそむく、また目がつぶれるという『川上』のなかにあるさまざまなことがより鮮明に考えられるのです。それは宗教の問題であったり、夫婦愛であったり、介護の問題であったりと。外国でやることによって私自身の『川上』のテーマがものすごく広がった気がします。

また、目が開いたあと、迎えにきた妻の顔を見たとたん「そなたは女どもか」という時のちょっとした間《ま》があります。最近私はその間を大事にしてやっているのですが、その間にも観客の反応があるのです。十年振りに妻の顔を見ての「おやっ」という気持ち、そういうものを芝居と違って狂言では具体的には出さない。ただ二、三足女の方へ寄るだけです。ただ寄るだけということは、それまでにどれだけの間をもったらいいのかを考えます。演技の中でものすごく重要な部分なのです。「おやっ」の中身には、こんな年寄りだったかなあという感慨もあるかもしれません。具体的に表現しない分それに値するだけの間で勝負しなければならない。そういうところもあらためて感じ考えさせられました。

昔のことを考えると、「そなたは女どもか」と言葉では驚いたような強い言い方をして父から習ったように一足出るだけでした。それが自ずから間をとるようになって、アメリカでは日本でやっているとき以上に間があったと思いますし、五、六足妻のほうに近づいていました。そういうふうに自然に間ができれば、その次の行動が変わってくる。芸は生きものだなと思います。それが、いままで何回もやっているにもかかわらず、今ごろになって、また外国でやることを通じてますます感じられるのです。

アメリカでやったことにより、『川上』というものが自分にとってすばらしい作品なのだという思いがまたひとつ強くなってきました。人生を描いているという意味で、名作として比較されることの多い『月見座頭』にも負けない作品であると思います。こんなにも『川上』を数多くやった人間もいなかったでしょう。そういう意味でこのアメリカ公演は、よい経験になったと思います。

※シアター・オブ・ユーゲン…由理子・土居・ウオーカーらが設立した劇団で、英語による狂言もそのレパートリーの一つ。狂言演技を基礎にして創造的な舞台をつくる。

中国への熱い思い

私は二十六歳で初めて海外公演したのを皮切りに、世界各地を回り狂言の普及に努めてきましたが、中国は政治的な問題もあり、なかなか上演の機会に巡り合いませんでした。しかし、中国からは京劇の名優・梅蘭芳《めいらんふぁん》さん、袁世海《えんせいかい》さんたち一行が戦後初めて昭和三十一（一九五六）年に来日、女形の梅さんのあでやかな演技に目を奪われました

『伝統芸能五人の会』で訪中時、袁世海氏と
平成13（2001）年

梅さんとともに来日した、立ち回りもする二枚目俳優・李少春さんらが、矢来能楽堂で洋服のまま京劇の演技を見せてくれたり、私ら若い能、狂言の役者たちも演技を披露したりして交流もしました。その後も、来日の京劇俳優らと稽古場で交流を重ねてきました。訪中公演はそのころから、私の念願となって心の奥に芽生えていたのです。

初の訪中は昭和五十一（一九七六）年。文化大革命が終わる直前に、「日本文化界代表団」の一員として北京などに派遣される機会を得ました。一行は日本画家・東山魁夷さん、岩波書店社長・岩波雄二郎

さん、作家・杉本苑子さんら錚々たるメンバーで、私が一番若輩でした。

五月のメーデーの時でサッカーを観戦した時には四人組の江青・毛沢東主席夫人ら当時の政府要人も多数おり、歓迎の宴席で、即興で箸を扇の代わりにして、洋服で狂言小舞『兎《うさぎ》』を舞いました。また、京劇『覇王別姫』の項羽役で知られる袁世海さんとも杯をくみ交わし親しくなりました。この後、富士通の支援で、念願の訪中公演が昭和五十七（一九八二）年末から五十八年正月にかけて実現したのです。

平成十（一九九八）年十二月、六十七歳の時には、「日中平和友好条約二十周年記念」として、狂言・昆劇交流公演『秋江《しゅうこう》』を三日間、国立能楽堂で催しました。昆劇は十六世紀に生まれた中国の古典音楽劇で、京劇の源流の一つ。狂言と昆劇は同じ時期にユネスコの無形文化遺産に登録されています。『秋江』は昆劇の名作の一つで、これを基に京劇でも上演されている作品です。

十九歳の尼僧・陳妙常が尼僧院を抜け、好きになった男を追って舟に乗る。年寄りで酔っ払いの船頭ははじめ、意地悪をして舟を動かさなかったり、揺らしたり、からかったりするが、最後は女の言うことを聞いてやり、舟を急がす。私は船頭、昆劇の名女優・張継青さんが尼僧役で、この間の台詞や歌のやり取りを私の日本語と彼女の中国語で演じました。船頭が櫓一つで舟を表し、漕ぐシーンがパントマイム的で、舟の揺れも二人の動きで表現します。伝統芸能はリアリズムでなく、様式がはっきりあるので、以心伝心、肚《はら》でお互いの言葉も、つかめるようになりました。

『秋江』船頭・野村万作、昆劇の張継青と共演　平成10(1998)年　撮影:岩田アキラ

私はすでにその夏、中国・南京へ渡り、四十度を超す暑さの中、張さんと一緒に稽古をして昆劇の演技を習い、日中合作劇の半分ぐらいを作り上げていました。公演の一週間前に来日した張さんと、本番前にも稽古を重ねました。彼女は美しい声、卓越した演技力を持った名女優でした。演劇評論家の尾崎宏次さんによれば、文学座の田村秋子さんに相当すると言われていました。後に、歌舞伎の女形・坂東玉三郎さんが江蘇省蘇州昆劇院名誉院長となった張さんから昆劇を習い、日本・中国で名曲『牡丹亭』の主役を演じたことはよく知られています。その先駆けとなったのが、『秋江』でした。

翌平成十一（一九九九）年三月十五〜十九日、南京で日中合作の『秋江』公演を張さんと再演しました。よい舞台ができたと思っていますが、本当はもっと深めたい。上演時間も二十分ぐらいなので、私も中国語で本格的に演じてみたいのですが、まだそこまでいかず、残念でなりません。しかし夢は持ち続けているのです。

『秋江』公演前の平成八（一九九六）年、NHKBS2のドキュメンタリー番組『世界わが心の旅』（十一月放映）に出演を依頼され、中国で『秋江』を研究する旅人となりました。現地ですでに亡くなった李少春さんの墓参をしたり、『秋江』の演技指導を見学したり、あるいは蘇州昆劇院で『秋江』を観せてもらい、お返しに『瓜盗人』を披露したりしました。この番組への出演は、何とか『秋江』を上演したいとの願いがあったからなのです。

八十歳の海外公演（一）

平成二十四（二〇一二）年、サンフランシスコ、ワシントンD.C.などで『月見座頭』を演じました。他に『墨塗《すみぬり》』（※）『首引《くびひき》』（※）などでした。高齢になってからの私は『川上』『月見座頭』を海外で演じることが多くなりました。自分の芸を観ていただくのもさることながら、狂言と現代の結びつきを感じてほしいためです。

サンフランシスコの日本人観客による批評の一部を紹介します。

「日本人以外の観客がどういう楽しみ方をするのか興味があったが、台詞の流れと舞台上段に出る英訳は程よく合わさり、全観客が一体となって楽しめるものとなった。（中略）『月見座頭』は喜劇や風刺劇とは違い、人間の二面性を描いた傑作と言われている。盲目の老人と若者が意気投合して酒宴をし、やがて家路につくが、座頭をからかいたくなった男は他の男を装い、座頭を突き飛ばして帰っていくといったものだ。この男の不可解な行動について、観客は説明もヒントも与えられず終わりを迎える。

観客自体も突き飛ばされた感じにおちいるが、全ての解釈を観客にゆだねるという観点から、他の狂言とは違ったスタンスであることがわかる。老人の不条理さをあらわした呟きとくしゃみをしながら帰っていく姿に一度は静まった会場も、次第に大きな拍手の波を広げていった。（中略）今回の曲はいずれも日常のふと思い当たるような些細な出来事が題材になっている。それはまさに生活の投影でもあり、狂言とは古典劇でありながらも現代に生きる私たちの生活に違和感なく溶け込み、痛快な風刺と笑いを提供するものだと「万作の会」の公演を観ながら改めて気づかされた」

ワシントンD.C.ではワシントンポスト紙にネルソン・プレスリー記者の「荘重さと不条理をブレンドした日本の劇団」と題する批評が出ました。「今晩ケネディセンターで深く日本の伝統に根ざした万作の会の三作品は様式性の高さと、くだけた喜劇が特徴である。狂言は能同様の歴史ある演劇であり、かなり儀式的に見えるが――テラスシアターの舞台にあまりものも置かれず、演技の様式性は高い――魅力的な芝居である。最初の小作品『墨塗』は、アイラブ・ルーシーを思い出す向きもあろう。きわめて簡単な大名と愛人の行き違いが、泣き笑いの場面に収斂する。『墨塗』はアイラブ・ルーシーより威厳はあるものの無邪気なおかしさを見事に見せた。荘重さと不条理を、長い歴史をもつこの劇団は実に印象的に混ぜ合わせる。（中略）八十歳の野村万作は『月見座頭』で自在の演技を見せる。虫と一緒に歌うのを楽しむ男の演技は喜びにあふれ、甘美であり、高野和憲が演ずる気の合う男の豹変に遭う。この舞台に通底する精神は穏やかであり、技法は伝統という名前から期待される中でももっとも洗練されたものである。演者は動く必然のない時には動かず、しかし、動く時には、仕草に美しさとユーモアがあふれ、これを補ってあまりある。簡素な舞台セットには背景に松が一本描かれ、衣裳は膨らんだ袖と長い裾が特徴である。筋立て同様、視覚的にも日本の絵本のようである。」

※『墨塗』（狂言）…都から帰郷することになった大名がなじみの女に別れを告げるが、女の嘘泣きに気づいた太郎冠者は、女が目を濡らす鬢水《びんみず》入れに墨を入れる。

※『首引』（狂言）…武勇で知られる鎮西八郎為朝が鬼と出会う。姫鬼に人の食い初めをさせたいという親鬼に為朝は姫鬼との勝負を持ちかける。

八十歳の海外公演（二）

平成二十九（二〇一七）年にアメリカ・ロサンゼルス、平成三十（二〇一八）年に中国・北京とフランス・パリで公演をしました。

前にも書いたように公演先で台詞の現代語が字幕で流されるようになったこと、舞台を日本から運んだことなどの良い条件のもとで深みのある作品が上演できた喜びを感じました。

アメリカ公演は早稲田大学とＵＣＬＡ（カリフォルニア大学ロサンゼルス校）の交流事業、「柳井正イニシアティブ・グローバル・ジャパン・ヒューマニティーズ・プロジェクト」で実現したものです。「世界における日本伝統演劇と演劇研究」と題したテーマで、ＵＣＬＡ側はマイケル・エメリック教授が終始世話役をしてくれ、シンポジウムやワークショップもあり、日本、アメリカ、アジアから日本伝統演劇を専攻する学者が多数集まりました。私も狂言について三十分の講演を通訳付きでしました。ワークショップはバイリンガル教育の小学校やＵＣＬＡでも催し、公演はロサンゼルスのジャパンタウンにある、日米文化会館のアラタニ・シアターでしましたが、ここは過去にも二度演じたことのある懐かしい劇場です。

公演の演目は『梟山伏』『川上』『棒縛』です。『川上』以外は昭和三十八（一九六三）年の初渡米の時の演目で喜ばれることは十分に知っていましたが、『川上』に対しての大きな拍手には驚かされました。終演後の屋外でのパーティでは壇上にあげられ、多数の観客と次々に握手をさせられました。最も懐かしかったのは、初渡米時シアトルのワシントン大学のアジア芸術センターの秘書であったエツ・中村さん、昭和五十六（一九八一）年「日本伝統芸能五人の会」のワークショップでお世話になったジュディ・ミトマさんに会えたことでした。

一方、ジャパン・タウンを歩く中国人観光客の多さに、昔のリトル・東京の雰囲気とは随分変わったなと感慨をいだきました。

平成三十（二〇一八）年八月には日中平和友好条約締結四十周年記念公演が日本大使館主催で北京の天橋劇場で催され、私は『川上』を演じました。他は海外公演定番の『棒縛』『茸』でした。昔の中国公演と違い今はネットで若い人、ことに若い女性が中国各地、台湾からも観にきます。萬斎の活動が中国でも知られ、また映画なども観られている影響の大きさを強く感じました。狂言の面白さに対するものに加えて、萬斎個人への興味の大きさが反応となって返ってきます。終演後は楽屋口に列をなして見送るファンたち、これは日本以上の出来事で、誠にびっくりしたものです。

翌日の日本大使館でのワークショップにも能、狂言、日本の民俗芸能などの若い研究者も顔を見せ、萬斎による狂言の多面な演技の紹介を楽しんでいました。

同年九月下旬には、枯葉の舞う秋深いパリに出かけました。「ジャポニスム２０１８」の催しの一つとしてエスパス・ピエール・カルダンで演じました。「野村万作・萬斎・裕基×杉本博司　三番叟

モスクワでの狂言公演で「赤の広場」柄の肩衣を披露　平成元(1989)年

小渕総理大臣主催のクリントン米国大統領歓迎会で『棒縛』を演じる　平成10(1998)年

ディバイン・ダンス」という長い公演名でした。孫を含めて三代が交互に杉本博司さんデザインの三番叟の装束を着ての一種の競演です。七公演でしたので『三番叟』を二度、『月見座頭』を五回演じました。この時の『三番叟』は大変消耗しました。前半の「揉之段」が終わって黒式尉の面を着け、後半の「鈴之段」になるのですが息が弾み、苦しさのため面を顔に当てるのをしばしためらい、息が落ち着いてから面をつけたものです。もう装束、面を着けての『三番叟』はできないのかとショックを受けました。しかし、二曲とも観客には感銘を与えたらしく、劇場の芸術監督も日本から同行してきたテレビの撮影の際、「三世代が演じるのを観るのはまたとない経験です。世代間の継承と各世代の違いが存在する芸術を、三世代が演じるのです。各世代が存在するけれど、それらを結ぶものも存在します。それが芸術的価値と、あらゆる年代への深い尊敬という人間的美点を生み出しています。それがとても気に入りました」などと満足感を吐露していました。のちにパリでの公演を含んだドキュメンタリー番組は「ノンフィクションW 野村家三代 パリに舞う～万作・萬斎・裕基、未来へ」と題してWOWOWで放送されたのでご覧になった方もいられましょう。この番組は芸術祭の賞もとったようです。

休演の日には、伊藤若冲展を観、昭和三十二（一九五七）年の初渡仏の時泊まったホテルをシャンゼリゼ通りから入ったリュー・バルザックで探しましたが、見つけられませんでした。

第七章　心に残る人々

早稲田の先輩・畏友

私の通った都立五中には、一高から東大を目指す生徒が多くいました。勉強のできる方ではなかった私は早稲田の第二高等学院を受験し、数学の試験が無かったおかげか、なんとか入学ができました。

中学時代の友人の影響もあり演劇に興味を持ったので、演劇博物館（通称・演博）とその館長の河竹繁俊先生への魅力を感じてもいたころです。

入学するとすぐに出来たばかりの歌舞伎研究会（略して歌舞研）に入会し、クラスよりそのサークルで得た友達との付き合いが深まっていきました。

殊に、歌舞研主催の映画『勧進帳』（昭和十八年収録。七世松本幸四郎の弁慶、十五世市村羽左衛門の富樫、六世尾上菊五郎の義経）を上映する会は大成功で、私も羽左衛門を初めて観たのです。その打ち上げの席で繁俊先生のご子息・河竹登志夫さんと親しくなりました。

すでに物理から演劇に転じて河竹という家を継ぐ意思を固めたばかりの登志夫さんは、狂言を継ぐことに悩みのあった私にとって良い話し相手、かつ飲み友達でした。

新制の大学一年の時には狂言の研究会を作り、狂言の道を志す意を固めた私を随分と励ましてくれました。私に狂言謡を習われたのも励ましの一つであったのかもしれません。登志夫さんは主に歌舞伎が専門ですが、西洋との比較演劇学の研究や、曽祖父・河竹黙阿弥からのことを書いた『作者の家』でもよく知られています。著書もまことに多く、私との対談も掲載されている本などでは、年下の私を畏友と表現してくれました。

私の昭和三十八（一九六三）年の初めての渡米はシアトルのワシントン大学で教えることでしたが、私を呼んだアジア芸術センター（Center For Asian Arts）のリチャード・マッキンノン教授を紹介してくださったのも登志夫さんでしたし、帰国後の報告会も企画してくれました。ベトナムとの外交樹立二十五周年記念でもハノイで狂言を演じましたがこれも彼の推薦であり、いろいろ力を貸してくださった。私がしたことといえば、すばらしい伴侶となる女性を知る機会を作ったことぐらいでしょうか。

森喜朗元首相が校歌の「都の西北」を聞くと胸がキューンとなると言われたのを聞いたことがあります。私も昨今、年を取ると共に早稲田とのご縁を思う時が多くなりました。

演博の館長を十年間務められた鳥越文蔵さんも敬愛する友人です。近松門左衛門（浄瑠璃作家）が専門ですが、『梅若実日記』（幕末から明治にかけての六十年間の日記）を復刻刊行されるなど、能との関係も深く、対人関係が行き届き誠に魅力的な方です。亡きドナルド・キーンさんや演劇評論の権威の渡辺保さん、教え子の林和利さん（伝承文化研究センター所長、元名古屋女子大学教授）に対する気配りにも感心させられます。

鳥越さんの残した仕事の一つに演博七十周年の時に作られた演博振興基金の設立があります。私も音頭取りの一人として名古屋でＯＢの能楽師の出演を得て基金集めの催しをしましたが、恥ずかしながら私はダブルブッキングのため出演できませんでした。

しかしその埋め合わせのための狂言の会を後に催し、そのご縁は「名古屋万作を観る会」として名古屋稲門クラブの応援で今も続いています。早稲田ＯＢの奥村和俊さん（共生印刷社長）が事務局をしてくださり、大先輩の盛田和昭さん（盛田エンタプライズ会長）が会長、小山勇さん（中日新聞常任顧問）が副会長をしてくださっています。同じように鳥越さんの館長でスタートした、近松門左衛門の出生伝説のある山口県の長門にある劇場、「ルネッサながと」でもずっと狂言会を続けていただいています。

鳥越さんの次の館長は伊藤洋さんで、フランス演劇がご専門ですがよく狂言を見てくださっているし、その次の館長は能、狂言が専門の竹本幹夫さんでした。優れた研究者であり、高校生の時から亡父の舞台を観てくださっている縁を感じていましたが、数年前対談した時に、西洋演劇や中国の伝統劇にも詳しいのに驚かされたものです。日本唯一の演劇博物館が海外との交流を通して、世界の顔になってきつつある証左だと思います。

現在はフランス劇作家のベケットの研究者でいられる岡室美奈子さんが館長になられています。学生時代、私のいた文学部国文科のクラスには増田正造さん（能楽研究家）や日本舞踊の二代目・

花柳壽應さん（花柳流前家元）がいました。増田さんは新作『楢山節考』を初演した時の仲間であり、能の研究者として今も健在です。花柳さんも、私と同じく伝統を継ぐ悩みを抱えての入学で大学院まで出られました。歌舞研で一緒になって以来、お互いに似たような立場でいつも気になる存在でした。狂言のような小さな世界とは違って、日本舞踊で最も大きな流儀の統率者であり、振付家としても名を成した方です。私が試みる新作はよく見てくれていて、数年前には萬斎が花柳さんの振付で、「ボレロ」を舞いました。

増田、花柳両君は少なくなった同世代の畏友なのです。

加藤周一さんのこと

評論家・加藤周一さんは、父万蔵、私と親子二代に渡ってお付き合いがあり、芸も評価していただいた方です。狂言研究家・小山弘志さんが、同じ東大出の加藤さんと知り合いで、彼の紹介で昭和三十二（一九五七）年のパリ公演の前に、海外の演劇などのお話を聞くために初めてお会いしました。次は私が父と共に同三十八年、米シアトルのワシントン大学客員教授として渡米した時に、ブリティッシュ・コロンビア大学の教授だった彼に手紙を書き、「ぜひ狂言を呼んでください」と直訴しました。すぐ返事が来て「間もなくイギリスへ行くので、自分はいなくなるが、この件は確かに言い置いて行きます」とあり、「あなたのお父さんはほとんどザ・ロール（英字）だと思っています」とも書いてありました。ＲＯＬＥは役とか役割を意味し、ＴＨＥを付けると、「名人」ということらしいです。

『加藤周一著作集11』（平凡社、昭和五十四年）の中で「野村万蔵の芸」という項目があります。「ドイツの劇団 Die Brücke が来日して東京で上演した際、彼らに万蔵の芸をぜひ見せたいと思った。この劇団に少しもひけはとらない芝居の名人は、野村万蔵であると、二人の旅役者に話した。同じことを万作さんに説明して、万蔵さん、万作さんで『木六駄』を、装束を着けずに演じてもらった。見物のドイツ人は日本語を解しなかった。しかし、彼らが十二匹の牛を見、降り積もる雪の峠の茶屋で、飲む酒の匂いを感じたことは確かである。彼らの一人はこう言った。言葉はわからないが、これ

ほど形の定まった、様式化された芝居を演じ、あれだけ写実の妙を見せるのは実に偉大な芸である」（要約）

この文章は教科書にも載ったと聞いており、萬斎はこれを読んで非常に刺激を受け、狂言をやる気になったようです。

私が企画、出演した日中合作の昆劇『秋江』公演の時も、「日中快挙　昆劇と狂言の出会い」と題してエッセーを書いてくださり、画期的出来事と評価していただき、亡くなるまで私どもの狂言の会によく来てくださいました。

劉徳有さんのこと

私は「日本伝統芸能五人の会」という名で二度訪中しました。一度目は平成元（一九八九）年、私の他に能・観世清和さん（観世流宗家）、日本舞踊・花柳千代さん、長唄三味線・杉浦弘和さん、囃子・堅田喜三久さんの五人が中心で、民俗芸能学者・三隅治雄さんが団長、北京・洛陽・西安を回りました。

討論会や交流会は充実していましたが、『棒縛』を演じた公演は会場の条件、観客の質が十分ではありませんでした。日本の伝統芸能に関心を持っている人々が観に来ていないのです。北京・長安街は民主化を求める学生たちの自転車デモであふれ、帰国の翌日があの天安門事件でした。

二度目は平成十三（二〇〇一）年五月、北京・上海で『二人袴』『舟渡聟』を演じましたが、劇場も観客も理想的でよい公演ができました。これは劉徳有さんのおかげでした。劉先生の肩書は、中国対外文化交流協会常務副会長。元中国文化省の副部長、つまり副大臣という要職にあった人です。

親しみを持ったのは、私と同年齢、しかも大連生まれで、日本統治下の学校で狂言『萩大名』を学芸会で演じたと聞いたからでもあります。品の良い、正しい日本語を話されるのに驚きました。周恩来首相の通訳も務め、俳句も作る。日本文化についてあれほど深い知識を持っている人を他には知りません。劉先生のおかげで立派な劇場もとれ、観客も関心を持っている人が集まってくれたのです。

平成二十一（二〇〇九）年、私は中国芸術研究院の名誉教授の肩書を頂きました。この時は、長安大劇院で『三番叟』『棒縛』『茸』を演じ、北京大学でワークショップを開催しました。インターネットの普及のおかげで中国各地や台湾からも若い学生たちが集まり、大変な活気と反響がありました。

その後平成二十三（二〇一一）年、中国芸術研究院で日中交流狂言のシンポジウムがあり、その席で、最初の発言者であった劉先生が私の日中合作『秋江』を高く評価してくださいました。私なりに努力してきた日中の交流が、今、政治問題で頓挫しているのは大変残念です。その後、平成三十（二〇一八）年八月の日中平和友好条約締結四十周年記念公演の際に再会を果たしました。劉先生を通して文化交流をさらに深めたい夢は消えてはいません。

喜多流の人たち

長い狂言人生の中で、能の人たちとの忘れられない交流録を綴ってみたいと思います。まだ学生の若いころ、シテ方喜多流の大先輩たちから、かわいがってもらいました。演能後の飲み会などに連れて行ってくれ、さまざまな芸話を聞くことができました。とにかくみんなバンカラでざっくばらん、一緒にいると楽しくて仕方なかったものです。

最初に声を掛けてくださったのは、喜多実先生（十五世宗家）で、「君には、親しみを感じているよ」と言ってくれました。それは忘れもしない粟谷菊生さん（人間国宝・平成十八年没）が昭和二十八（一九五三）年二月、『道成寺』を披いた後の新宿駅近くの有名な飲み屋で開かれた懇親会の席でした。実先生は名人の十四世宗家・喜多六平太の養嗣子。とにかく皆酒が好きで、演能後は寿司屋などで集まり酒を飲むのです。

ある時、「二朗(私の本名)ちゃん、来ない？」と誘ってくれたのが粟谷新太郎さん。菊生さんの兄で、同じ舞台に出ると、よく帰りにお二人からお誘いを受けました。メンバーはご兄弟の他に一番年上の友枝喜久夫さん（喜多流の名手）、実先生の長男長世さん、次男節世さんたちで、節世さんを除いて、みんな名人六平太先生に師事し傾倒していました。六平太先生は小柄ながら闊達自在な芸風で、晩年のお考えは写実味の濃いものでした。一方、実先生は「ミノリズム」という言葉があったように、堅実をモットーに、基礎を大切に指導していく方でした。今の喜多流のリーダーたちの先生です。一杯飲んで芸談になると、「いよ、友枝名人」と新太郎さんから声がかかる。友枝さんは目が悪かったので、寿司屋へ行くと、刺し身を細かく切り、全部楊枝を刺して前に置く。そんなお世話をしたこともありました。友枝さんには親しみを感じ、私はいつも鏡の間から舞台を拝見していました。緻密で一挙手一投足を大事にされる艶やかな芸をゾクゾクしながら拝見したものです。新太郎さんには「狂言面が出たから」とよく声をかけていただき、菊生さんには「年の下の若い者を可愛がれ」とか「次男は長男の三倍の努力をしなくては駄目だ」などよくアドバイスを受けました。

節世さんとは、初期のころのアメリカでの能、狂言の紹介の際に同期のような関係で親しくなりました。吉祥寺のさる飲み屋の常連で、自分がもし二、三日来なかったら家を訪れてみてくれと飲み友達に言われたそうですが、その通り、新聞を読むような姿で独り亡くなられていたそうです。喜多能楽堂での葬儀では弔辞を読みました。

長世さんはその後、六平太を名乗られ家元を継がれました。アメリカ、ロサンゼルスでの「日本伝統芸能五人の会」の時はご一緒でした。日本人街でのお祭の山車に花咲か爺のような着物を着て乗られていましたが、大変個性的な方で、流儀の方々と折り合わず、晩年は拝眉の折も少なく淋しい亡くなり方でした。

宝生流の人たち

子供のころから一緒に遊んだり、相撲を取ったりしたのが宝生流の重鎮で、近藤乾三先生（人間国宝・昭和六十三年没）の子息の近藤乾之助さんです。相撲は五番取って三勝二敗くらい。むこうが勝っていました。乾之助さんは数年前（平成二十七年）に亡くなりましたが、若い時は、相撲で言えば待ったなしの仕切りの時のような気合の入れ方で能を舞っていました。晩年は性格も柔らかくなり、多くの乾之助ファンに慕われていました。今でもその方々が時に集まっては乾之助さんのビデオなど観て偲ぶ会をしているようです。

ある会の挨拶で、「皆さん、会の発展よりも充実を心がけてください」といかにも乾之助さんらしい純粋な思い入れの深さを述べていたのが心に残っています。

宝生流の人たちでお付き合いがあったのは、私より先輩の方ばかりでした。小説家で能楽書林社長でもあった丸岡明さんの骨折りで、昭和二十四（一九四九）年、文壇の作家らに呼びかけ、若い能楽師たちとの交流の場として「能楽ルネッサンスの会」が生まれ、私も参加しました。観世寿夫さん、静夫さんの兄弟、宝生流の三川泉さん（人間国宝・平成二十八年没）、金井章さん、近藤乾之助さんら、今はもう亡くなられた人ばかりですが、一緒でした。文壇からは内村直也さん、高橋義孝さん、加藤道夫さんらが顔を見せていました。

会で集まると、金井さんも乾之助さんも能の在り方や流儀への不満などを額に青筋を立てて述べていたりしていました。私は例によって狂言の評価の低さを嘆き訴えました。

そんな中で三川さんは「何だろうね」とか「何かあるんだよ」といった物言いで考えこむ哲学青年を思わせる風情がありました。彼は宝生流の名人、野口兼資先生（昭和二十八年没）の大崇拝者でした。野口先生への尊敬は同流の人々はもちろん、観世寿夫さんもその一人で、寿夫さんは病床についた時は枕の下に野口先生の舞姿の写真を置いていたほどでした。

私も三川さんや乾之助さんを通じて先生の物言いを聞いたことが何度もあります。

例えば、能『鞍馬天狗』は天狗だから強い役なのですが、その謡を習っている時、先生は「もっと柔らかく謡え」「やさしく謡え」と言われたそうです。ガチガチになると大きさが見えてこない。やはり強い中の柔らかさが大事と教えられたのでしょう。謡の稽古では「長げえ、短けえ、高けえ、低い」などど注意されたのだそうです。私も昨今弟子を教える時、あまり説明的な言葉を弄しても、その弟子が自分の未熟な状態を理解していなければ逆効果になることを経験しています。「違う。もう一度」ほど的確なことはありません。しかし、今は時間が足りず何事も即席になることは仕方ないとも言えそうです。

野口先生は、歌手で喜劇女優でもあった笠置シヅ子の映画が好きでした。先生は庶民的で、格式張った礼儀作法にこだわらず、楽屋へ来られる時は着流しで、きちんとお辞儀するわけでもなく、

「オッ」「ヨッ」というように心のふれあいを大事にした挨拶をされていましたが、三川さんもそれを受け継いでいるふうでした。

三川さんや宝生流の人は、私どもや観世三兄弟のように、新しい試みをすることはありませんでしたが、晩年金井さんが俳句を極めた如く、三川さんはモーツァルトを好み、多角的に芸術に接することで自分を育て、魅力的な能を舞っておられました。野口先生から三川さんに受け継がれた優しさ、柔らかさは、今の私にとっても同様で、狂言を演ずる時の心構えになっています。

四十年ほど前ですが、乾之助さん、佐野萠《はじめ》さん（元東京藝術大学音楽学部教授、平成二十一年没）ら宝生流の人と能の大先輩の方々に話を聞く会を企画し、近藤乾三先生、田中幾之助先生（昭和五十八年没）、ワキ方の宝生弥一さん、大鼓の瀬尾乃武《のりたけ》さんらに話を聞き、人柄に接するとともに勉強させていただきました。

観世三兄弟

シテ方観世流では分家、銕之丞家の三人の兄弟、寿夫さん、栄夫さん、静夫さんとの交流が深く、能楽だけでなく、新しい演劇の試みを含め長い付き合いがありました。寿夫さんは持って生まれた能役者としての天性の資質を持ちながら、それを壊しながら進む人で、宝生流の野口兼資先生の影響を受けた人です。武智鉄二演出の『月に憑かれたピエロ』(昭和三十年)に寿夫さんと共に出演した時は、参加していた「実験工房」の前衛の美術、音楽などの人々とも交流を深めました。

私は若い時から狂言は演劇であるとの考えを強く持っていたので、寿夫さんとの会話でよく「演劇的……」という言葉を使うと嫌な顔をされたものです。リアリズム・写実・芝居という流れを好まなかったのです。彼がやがて目覚めた演劇は、ギリシャ悲劇であり、鈴木忠志さんの前衛的な演劇でした。「冥の会」で、彼は『オイディプス』『アガメムノン』『メディア』などで常に主役を演じ、デクラメーション(朗唱法)に挑んで成果をあげたのですが、さすがに『ゴドーを待ちながら』の日常会話はいかにも不向きでした。

彼は世阿弥の著書を今の能役者として読みこなし、付き合う芸術家たちに影響を受けながら能を現代の視点で生かそうとしていました。私的な付き合いも移り変わるのが彼。昭和三十八(一九六三)年の私の初めての渡米の時、羽田まで送りにきてくれたのは、家族以外は彼だけでしたが、彼が麻雀

『月に憑かれたピエロ』野村万作　昭和30(1955)年

に凝っていたころは、私と舞台以外の付き合いはほとんどありませんでした。

「乱能」といって半ば遊びで、シテ方が狂言や囃子をやったり、われわれが能を舞ったりする会がある時は、寿夫さんに狂言を教えました。彼は能から狂言への切り替え、殊に軽みやリアルな表現が不得手な側面がありましたが、弟の栄夫さんの『子午線の祀り』（昭和五十四年）での平宗盛の優柔不断でオドオドした演技のうまさ、静夫さんの冥の会での『ゴドーを待ちながら』や『名人伝』の喜劇的な演技への切り替えは、やはり芝居好きからくる資質なのでしょう。言うならば狂言は寿夫さんよりも二人の方が上手でした。

ドナルド・キーンさんのこと

東日本大震災を機に日本に帰化された日本文学者で、コロンビア大名誉教授のドナルド・キーン先生は古くからの知り合いです。先生と知り合ったのは昭和二十九（一九五四）年、能・狂言様式の『夕鶴』に出演していた時でした。

当時、キーン先生は京都大学大学院に留学中で、京都市東山区に下宿していました。大蔵流の先代茂山千之丞さんに狂言を習っていて、『夕鶴』に出演した千之丞さんと楽屋が一緒だったので訪ねて来たキーンさんにお会いしました。昭和三十八（一九六三）年以降、アメリカ公演などで何度かお会いしましたし、キーンさんの家に一人で泊まったこともありました。

ある時、コロンビア大学の講義を見学させてもらう機会がありました。ちょうど狂言の秘曲『花子』を紹介しつつ、いかに翻訳が難しいかを述べておられました。不可能に近いと。まあ、そう言わないで何とか翻訳してほしいと、その時、私は思ったほどです。最近、キーンさんを偲ぶテレビ番組で知ったのですが、三島由紀夫が『花子』の翻訳を勧めたと話されていました。

平成二十六（二〇一四）年三月、東京・渋谷のセルリアンタワー能楽堂で「万作狂言会」を催した際、キーン先生に会の冒頭で話をお願いしました。これまでも各界の知人に、狂言について何でもいいからとお願いし、話してもらっていました。キーンさんは、話の中で急に、『末広かり』の台詞を大きな声で本格的に言い出しびっくりしました。その力といったら驚くほどで、若い時に狂言を真剣に勉強されたのだなとつくづく思いました。能を座って見ていてしびれをきらした、それで最初に習ったのが『痺』だとか。『千鳥《ちどり》』(※)を演じられたのは私も観ましたが、こうした曲を演じた時、新聞に「青い目の太郎冠者」と報じられたと話していました。

私のことでは、『三番叟』が素晴らしいと。それはプリンストン大学で先生が狂言の話をして、私が『三番叟』をテープで実演した昭和三十八(一九六三)年のころのことですが、その後、横浜の舞台で観た『三番叟』に非常に感動し、「感動の言葉の表現を知らない。あれは演劇の最高峰だ」と話されていたそうです。この話の時は楽屋で装束を着けていたので、後でテープの録音で聞きました。

キーン先生は狂言を深く愛した代表的な外国人の一人で、平成二十三(二〇一一)年に日本国籍を取得されました。先生が「日本人も外国人と同じように古典を現代文で読むところから始めたらどうか。いきなり古典を読んでもわからないから、初めは現代文で読んでそれから古典に入っていくようにすれば」とテレビで発言なさっていました。私も本当にその通りだと思います。私らが外国へ行って狂言を演じ、それが字幕で紹介されるということは、現代語で書かれているわけですから、同じことなのです。その効果は身をもってわかっています。

先生から教えられたことがもうひとつあります。第二次世界大戦中、戦意高揚の映画や芝居、歌な

ハワイ大学で指導する野村万作　平成元（1989）年

どがよく作られましたが、狂言でも『荒鷲《あらわし》』という新作を叔父三宅藤九郎が作ったことをご存じでした。先生は当時、米海軍の情報士官で、日本語の通訳もしていたので戦後、調べてわかったのでしょう。日本の戦闘機とアメリカの戦闘機が空中戦をして、アメリカが負けるという内容です。「荒鷲」は陸軍の戦闘機に付けられた象徴的な名称で、ちなみに海軍機は「海鷲」といいます。先生は「私がアメリカ軍機の役をやれば、面もつけずにできるし、面白かったろうに」と、半ば皮肉を込めた冗談を言っていました。キーン先生はオペラなどにも興味を持ち、家にはレコードがたくさんありました。私が演じたある時の『三番叟』について「今日は囃子があまりよくありませんでした」と感想を述べられたことがあります。文学ばかりでなく、音楽に対しても鋭敏な感覚を持った人だと思いました。

他にもアメリカでは、コロンビア大学でのキーン先生の教え子、キャロル・モーリーさん（ウェズリー大学教授、博士論文は狂言）という女性が狂言の研究家でいますし、カンザス大学にはアンドロー・椿さんという演劇科の先生がいて、来日して私に狂言を習い、持ち帰って学生に教えていました。私も昭和四十九（一九七四）年にジェームス・ブランドン教授からハワイ大学に招かれ、演劇科でクラスを持ち『武悪』『呼声《よびこえ》』（※）を英語で発表させました。昭和三十八（一九六三）年のワシントン大学の時より翻訳も上手く行き、教える私の方も慣れてきましたし、それに発表を前提としての毎日の授業でしたから生徒たちの進歩は素晴らしく、とてもよくできたので、日本に招き国立能楽堂で演じてもらいました。

※『千鳥』（狂言）…主の命で太郎冠者が支払いの滞っている酒屋からなんとか酒をせしめようと、祭で千鳥を伏せる場面を仕方で語る。

※『呼声』（狂言）…居留守を使う太郎冠者と、呼び出そうとする主と次郎冠者が謡の応酬となる。元は二人物の番外曲だが、ハワイ大学の公演のために太郎冠者、次郎冠者、主人の三人物に改作して上演した。

二世茂山千之丞さんのこと

昭和二十九（一九五四）年、武智鉄二演出の『夕鶴』『東は東』に出演した私たち兄弟は、急激に共演の茂山千五郎（後の千作）、千之丞ご兄弟と親しくなり、以後歩みを共にしました。

千作さんは私の一回り上、千之丞さんは八歳上でしたが、同じ若手として、また旧弊な能楽界の異端児としてクローズアップされました。

『夕鶴』の京都での稽古の合間に有名な「一力」というお茶屋で宴会があったことがあります。

私がびっくりさせられたのは茂山兄弟の余興でした。千之丞さんのしんねりむっつりとした色っぽい『尼寺』、千作さんのキビキビと暴れ回る裸姿の『熊坂』。大学を出たばかりの若い私は大人たちの強烈な刺激を感じました。

千作さんは愛嬌たっぷりの人柄で人気があり、千之丞さんは進歩的思想と知性的企画力でこのころの狂言界を革新する運動の原動力で、共産党の知事支援の広告にも堂々と名前を連ねていました。

千作さんのことは異流共演などの機会もあり、芸の上で刺激を受けたこともしばしば書いてきましたが、千之丞さんについてはあまり触れてきていません。

二人は、仲の良い反面、性格が全く異なる一面もあり、私の前でも平気でそれを見せてきました。例えば千作さんが千之丞さんの長男あきらさんの芸の批判をする。千之丞さんがそれに反論するなどです。

最近、あきらさんの長男・童司くんが千之丞を襲名しましたが、その童司くんが「祖父から気張って芸をしたらあかん」と言われていると発言していました。一方、千作さんのお孫さんは舞台に出向くため家を出る折に「あんじょう気張って来い」とはっぱをかけられたと発言しています。気張るという言葉の意味するところが違っているので一概には言えませんが、対照的な発言のように思います。千作さんは、狂言の芸を語るときに「ピャーと」など、いかにも技術面での形容をし、どんな新しい場に出ても常に狂言演者である人です。

千作さんと違い、千之丞さんは『夕鶴』の「与ひょう」役を何百回と山本安英さんの「つう」を相手にリアリズムで演じ、古典狂言でもその演技手法は変えず生かそうとしましたので、兄弟の演技の質の違いは誠に顕著なものでした。

かつて千之丞さんを知将と表現した記事がありましたが、終戦後から様々な商売を経て、茂山家及び狂言の興隆のために色々な企画を考えられ、尽力されてきたことは、高く評価されて当然だと思います。

狂言協議会を設立して大蔵流、和泉流の懇親を計り、かつ家元への権力の集中を牽制したのも千之丞さんの熱意があったからです。しかし、「能と共に滅びるのは厭だ、狂言は独自に生きる」などの発言は私には共感できず、発言に疑問を感じている人も多いでしょう。その狂言協議会も次なる若い世代の先鋭的な考えによって次第に存在を小さくしていきました。

　茂山家の人々は家を支えた人として千之丞さんをよく理解していると思います。晩年、なんの用件もないのに「飲まないか」と誘いを受け、一夕、二人だけで京都で話をしました。懐かしい仲間であり先輩です。

小林責さんを偲ぶ

私が最も長くお付き合いをさせていただいた狂言研究家として小林責さんがおられます。小林さんは、平成三十（二〇一八）年に亡くなられましたが、私が若かった時から、長きにわたって舞台を見てくださいました。小林さんを紹介してくださったのは狂言研究家の先駆者のお一人であり、亡父の弟子でもあった古川久先生です。私が子供のころ稽古に来られよく遊んでいただきました。小林さんはその古川先生が教鞭をとっておられた旧制松高（松本高等学校、現・信州大学）の生徒で演劇部に在籍していました。先生は私が十六、七歳のころ、狂言を継承することに疑問を感じ、演劇に強く惹かれていたことを知って、二人が友達になればと思われたのでしょう。

切っ掛けはと言えば、昭和二十七（一九五二）年に上演された北条秀司の新作歌舞伎『狐と笛吹き』の感想の手紙を小林さんからいただいた。それを契機に新宿の『二十五時』という文学座のたまり場であった小さなバーで初めて話をしました。何を話したかは正確には覚えていませんが、私はすでに万作を襲名し、『釣狐』も初演しており、小林さんはそれを観ておられたので、当然狂言の話をしたと思います。

やがて、私の弟子になられ狂言の謡を教えました。弟子たちの間では「御家老」「絶句の責さん」の愛称で呼ばれていました。若いのに年寄りじみた保守的な発言や本番の発表会で独吟（※）でよく絶句したからでした。

私は、昭和二十九（一九五四）年に木下順二作の能狂言様式による『夕鶴』（武智鉄二演出）への出演という新しい試みをしたのが動機で、父からもっと古典を学ばねばと思いたち、小林さんにも相談した結果、「狂言あとりえ」という稽古会を兄弟で始めることにしました。そして、そこでの司会も小林さんにお願いしました。

その頃の四狂連（四大学狂言研究会連絡協議会）の学生たちとも私たち二人はよく付き合い、合宿などでは、酒に酔い、相撲を取ったりもしたものです。

小林さんは次第に私どもだけでなく、他の狂言の家の人々とも交わり、鷺流の調査などを通じて研究の幅を広げて行かれました。いわば私のところから巣立っていったとも言えましょう。

彼は学生時代に積極的に四狂連をリードし、その後国立能楽堂の企画制作に入った油谷光雄君との共著『狂言ハンドブック』（三省堂、小林責監修・油谷光雄編）では、戦後の狂言隆盛から現状の狂言各家の動きに亘って、言いにくいことも率直に書き革新的な姿勢が感じられました。古川久先生との共編『狂言辞典　事項編』（東京堂出版）や羽田昶、西哲生さんらとの『能楽大事典』（筑摩書房）などを刊行される折には、私どもの演出について数多くの質問をいただき、お答えしたものです。

また、小林さんは若いころ、親から謡の手ほどきを受けた例にならったのか、子供のころに亡くなったご長男を私のところに稽古に通わせたこともありました。

晩年は保守と革新がよく調和した穏やかないい人柄になられました。例えば国立能楽堂が養成する生徒への座学の講師をしていられましたが、常にその生徒の活躍の様子を気にかけ、よく生徒が出演する舞台を観ておられました。

車椅子生活になってからは武蔵野大学関係者の三人の女性の方々がよく世話をされていたのも人徳の致すところでしょう。

また、私がある時、心境の変化から稽古場に飾ってあった賞状を全部下ろしたのを知ると、手紙をくださり「いい境地に到達されたなあと感じました。私は日本の芸能界でいう《位》とは品と格と技の統合値だと思います」と、小林さんは私の芸を褒めてくださった上に「私は最高の師匠に出会えて幸福だったと喜んでおります」と結んでくださいました。私信でもありかつ古いお弟子の身びいきかと思いますが、涙が出るほど嬉しく読みました。

数カ月後、小林さんは親友の羽田昶さんがお見舞いに行かれた折に静かに息を引き取られたそうです。自分の芸を写す鏡を失ったような寂しさを覚えます。

※独吟…能や狂言の謡だけを一人で謡うもの。

六世 野村万蔵作の面

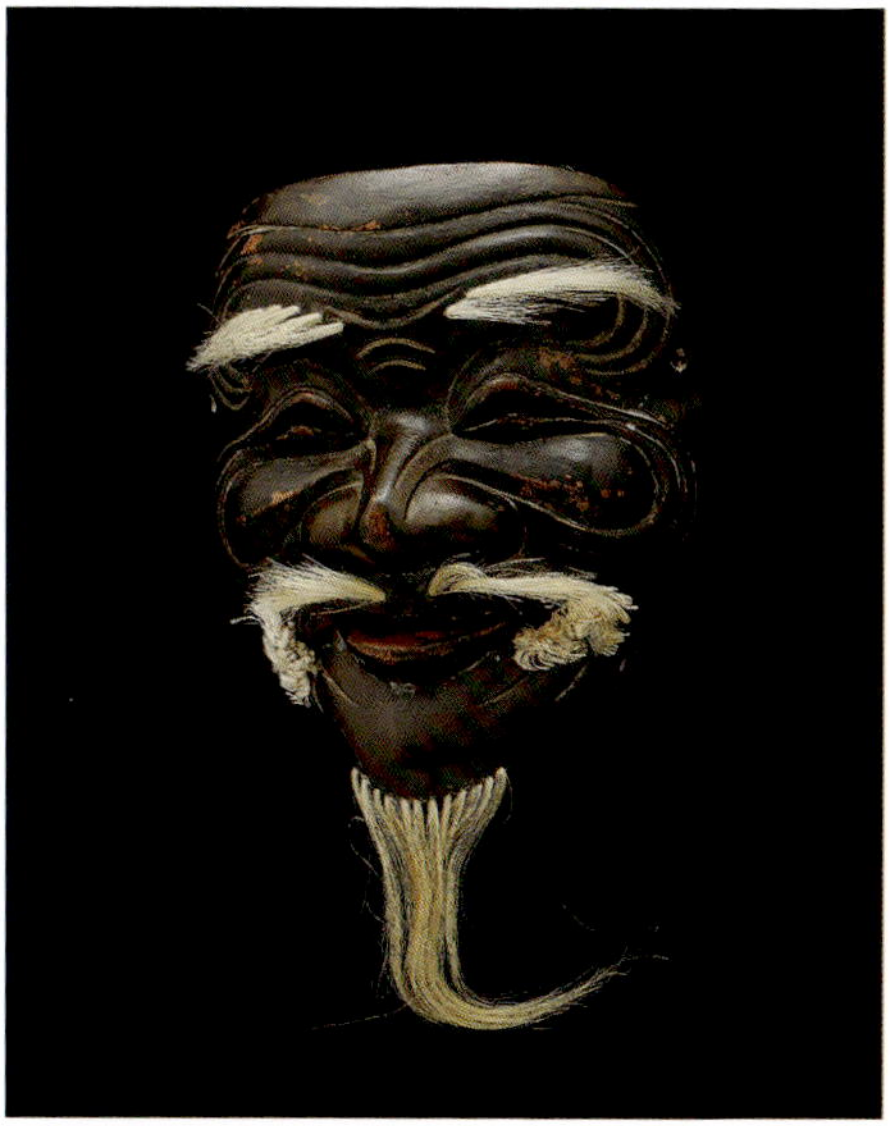

黒式尉（喜寿の年の作）

うそふき

子猿

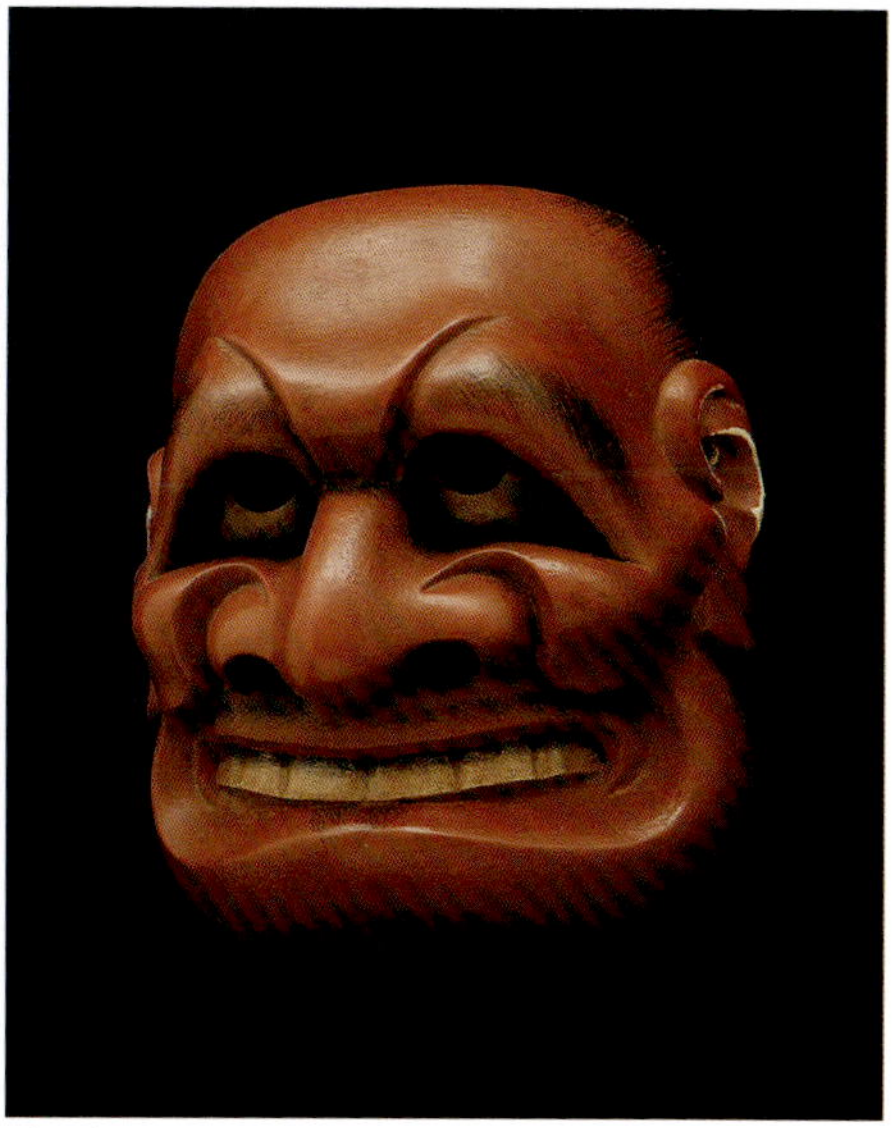

武悪（遺作）

第八章　狂言の未来へ

二つの栄誉

平成十九（二〇〇七）年七月、七十六歳の時、文化庁から重要無形文化財各個指定（人間国宝）を受けるかどうかの打診の電話がありました。もちろん、喜んでと答えました。狂言の地位向上のために、かつては父に偉くなってほしいと強く思ったものですが、自分がそのような栄誉を受けるとは思いませんでした。推薦してくださった方々に感謝しています。理由は新聞などにも発表され、「緻密な演技の中に深い情感を表現し、舞台は軽妙洒脱で品格がある」と身に過ぎた評価が書かれていました。

十一月初旬に認証式・皇居参内があり、後日、祝賀パーティーを開きました。元早稲田大学総長の奥島孝康さん、茂山千之丞さん、冥の会で一緒に仕事をしたフランス演劇の渡邊守章さんらが挨拶をしてくださいました。息子萬斎、孫の遼太、裕基が、小舞を舞ってくれましたし、歌舞伎の亡き中村雀右衛門さん、市川團十郎さんも顔を見せてくださいました。

一つの流儀から二人、つまり兄に続いて認定を受けたことは大変うれしいことです。能楽界では、以前宝生流で近藤乾三、高橋進の両先生が認定されたのみです。今は違うようですが、多くの場合、認定された人が亡くなると次が選ばれることが多く、叔父の三宅藤九郎も父の没後に認定を受けました。人間国宝になったからといって、急に芸が変わるわけではありませんが、やはり自分の舞台は慎重になるし、後進の養成にも今まで以上に力を入れなければと思いました。

ただ、こうした肩書は、舞台をご覧になる観客に余計な緊張感を与えてしまうことがあります。チラシやプログラムの紹介が大きすぎたり、公演の冒頭の解説で強調し過ぎたりするとダメなのです。地方のホールでの普及的な公演では、解説と狂言二番を演じることが多いのですが、解説がスムーズにいくと後の狂言も演じやすい、つまり観客がリラックスして舞台に向かってくれることが大事です。演技の力で緊張感をほぐすのは容易でなく、こちらが意識過剰になってもまずい。観る方も演じる方も自然で柔らかな交流が一番です。

平成二十七（二〇一五）年度には文化功労者として顕彰されました。

そのとき、まず思ったのは、父への恩返しができたなあということでした。そして、これからの責任の重さ。一つ一つの舞台に慎重に取り組み、よりよいものにする責任を感じました。

今回私がこの立場になったのは、新しいことをやったり、外国交流をしたりという、狂言の普及に努めたことに価値を認めて頂いたという面があるように思います。確かに狂言の立場を高めようとしつつも権威主義になることなく、門戸を閉ざさず広げていく努力を、多少はしてきたつもりです。今回ともに顕彰されたみなさんを考えると、それぞれの分野でオープンな活動をしてきた方が多いように思いました。

しかし今、改めて自分が歩んできた道を振り返ると、二十代、三十代のころには、ただ新しいものをやった後に必ず古いこと、つまり古典に戻り、父の稽古を一所懸命に受けたことを思い出します。また、父だけでなく、叔父や友達、先輩方からも刺激を受け、その方々の舞台を勉強の対象にしてきたという、芸に貪欲な面もあったことが良かったのではないかとも思っています。

あと何年舞台ができるかはわかりませんが、何とかよい舞台を創りたいというエネルギーはまだあります。過日、ニューヨークで『奈須与市語』をやりました。この『奈須』に関しては、ある時から自分で意識したことがあります。従来、登場人物の義経、与市、後藤兵衛実基の三人を描くとされていますが、私は四番目として「ははあ、あっぱれあの若い者こそ射っつべき者をと申し上ぐれば」と、見事に扇を射ち抜いた与市に向けた「源氏平家は船端を叩き箙を叩き、射たりや与市、射たりや宗高と褒めければ」の二つの群衆の存在に気づいたのです。それ以来、雑兵たちの喚き声の音色、音量、響かせ方の庶民性、他の三人とは違う質等を意識して演じるようにしています。習ったことだけでなく、自分で探って発見し、得たことを舞台で表現するということも大事なのではないかと思います。

文化功労者という立場にはなりたくてなれるものではありません。楽屋にも同時代の人や私より年上の人がほとんどいなくなった今、巡り合わせとか、運というものもあるのではないかと思っています。

令和という新しい元号になった年に米寿を迎えました。芸の道程の到着点は見えていません。向上心を持ち続けねばと思っています。

ちょいと辛口

私が今倅に抱く感想は、考えてみれば父（六世万蔵）が、私が若いころいろいろ新しいものをやったときに抱いた感想と同じかもしれません。一方で古典をしっかりやっていれば新しいことを大いにやっていいと思います。ただ、あれもやりこれもやり、ということはやってほしくない、やるのだったらきちんとした良い仕事を、二年に一回などと言うのですが、そんな風にあって欲しいと思います。

確かに今は各方面からのご要望がたくさんあるので、そうは抑えていられないのでしょうが、私は少なくとも新しいことをやるとすぐ古典に振り向き、古典を一所懸命やらなくてはいけないという意識を持ちました。そして、そこにばかりいると新しい試みに挑戦してみたいなという気持ちにまたなる、それを繰り返してきたわけです。

彼は彼なりに仕事を選択しながらやろうとしていると思いますが、ただあまりにも忙しくなると、一つ一つの舞台にかける時間が短くなります。やはり十分の稽古をして「今できる最高の舞台に取り組みたい」ということでなければいけないでしょう。

私はどんな場に出ても狂言を背負っていることしかやりませんでしたが、倅はもうちょっと柔軟です。だいぶ昔のことになりますがテレビドラマ『あぐり』（※）の場合ことにそうでしょう。ですから私は楽しんで観ていました。なぜかというと、私の教える「狂言の弟子」という風には思えなかったからです。そういうところが私が若いころ試みたことと、いま萬斎が試みていることとの違いといえるのではないでしょうか。

また、最近は能や狂言を能楽堂以外で見せることが多いのですが、そういう時は多かれ少なかれ「演出」という観念が必要になってきます。萬斎はイギリスで学んできたことを生かして観客にいかにして観せるかということを、私たちとは違って考えています。そういうことが「現代とつながっていける演者になる」ということになるのではないかと思います。

大きな視点からいえば私の祖父、父、私たち、倅とで、それぞれ狂言が違っていっていいのです。これは世の中の流れなのですから。伝統といっても、江戸期の家元にしろ、世阿弥にしろ「今の時代にあった狂言」「場を心得た狂言」というようなことを言っています。そういう精神が流れているのです。だからこそ狂言が今日まで生きてきたのではないでしょうか。

最近は萬斎が大変ポピュラーな演者になり、ぜひ彼の狂言が観たいという方が増えたこともあって、狂言会がとても多くなりましたが、その観客の反応が良いのに驚いています。昔でしたら、能楽堂に来る観客は笑うにしてもどこか抑えた気持ちでおられる。それがホールなどになると、もうそういう雰囲気はなくて気軽に腰掛けていられるということがあるのでしょう。

多くの場合、はじめに狂言の解説があるのですが、その辺から観客がとてもリラックスして観てくださる。それと野村萬斎と『あぐり』でおともだちになったというような、四角四面の能楽堂を乗り越えての親しみを感じてくださっているというのもあるのでしょう。非常に喜んでご覧になるのです。ただ時によると「先取りし過ぎた笑い」、意味を正確につかまえて笑うのではなく「表面的な言葉の意味での笑い」というものに出会うことがあります。

たとえば『武悪』で、武悪の幽霊が主人の親にあったというから、主人が「やれやれお懐かしや、それはまずどのような所にござなさるるぞいやい」と聞きますが、それに武悪の幽霊が答えて、「地獄でもござらず、極楽でもなし」と言う。主人が「ハーン」と言うと、武悪が「ただむさとした所にござる」と言います。おかしいのは「ただむさとした所にござる」というところなのに、今の若い観客の多くは「どのような所にござなさるるぞいやい」「地獄でも……」で「わぁー」と笑われます。「……ござらず……」まで聞かずに、地獄に行っていると思って笑われるのでしょう。

もちろん笑ってくださることはありがたいのですが、なにも声を出して笑わなくても結構なのでじっくりと見て、味わった上で、楽しんで観て頂ければと思います。

また、そういう笑いを演者が、どう意識していくかという問題もあるわけです。

私の理想とする狂言は「美しく、面白く、素直な」狂言です。これは、和泉流の七代目の家元が伝書の中で言っていることなのですが、私の言葉で言いかえると「いい狂言」となります。《美しさ》があり、面白く、演者は巧みではなく素直である、そういう狂言を言うのです。

古い言葉で言うと「能の狂言」、「能の中での狂言」ということ。つまり私たちの芸のバックボーンには「能」というもう一つのバックボーンがあるわけで、《笑い》にばかり傾倒すると《美しさ》が消えてしまう。この《笑い》と《美しさ》は一見矛盾するようですが、姿形美しく舞台に立っている人間が、自然に発する言葉が面白い、自然体が面白いということほど、素晴らしいことはないと思います。

理想的すぎるかもしれませんが、そういう狂言を目指して、私は勉強しようと思っています。ですから、これからの若い演者にも、そういう「いい狂言」を、目指してほしいのです。

※『あぐり』…平成九（一九九七）年に放送されたＮＨＫ朝の連続テレビ小説。萬斎がヒロインの夫・エイスケ役を演じ話題となった。

国立の研修生

私の弟子の中には、国立能楽堂の能楽・三役（ワキ方・狂言方・囃子方）養成研修の修了生が三人います。第四期修了の深田博治、高野和憲と第八期修了の内藤連です。

同制度は昭和五十九（一九八四）年にスタートしました。私は平成五（一九九三）年からの第四期生を主任講師として教えました。月ほぼ二十コマの授業の三分の二を教え、残りは萬斎、弟子の石田幸雄が担当してくれました。研修期間は六年と長く、基礎研修三年、専門研修三年で、専門課程で能楽協会加入を認められた者が、研修修了後に能楽師として舞台に立てるのです。

研修での教え方は、自分の家の弟子と同じで小謡から入ります。小謡に舞の付いている小舞が五、六曲できるようになると、やさしい狂言を教えていきます。

彼らが恵まれているのは、立派な研修舞台を使うことができ、一人かごく少人数で平日は毎日午前、午後一時間二十分ずつ勉強できること。講義もあり、もちろん国立能楽堂主催の能・狂言の公演はすべて見学、研修旅行もありと、まことに盛りだくさんのプログラムなのです。

若い人に注意することは、言葉で言えば、発音を正しく、抑揚をきちっとつける。二字目を張るという私どもの主義です。「この辺りの者でござる」では「この」の「の」、「者」の「の」を張るのです。伝えられてきた物言いを客席の隅々まで通るように、鮮明な声を出して言うことや、歯切れの良さが大切です。

基礎課程の三年間は、狂言とともに能の謡も基礎知識としてみっちり学びます。さらに囃子の笛、小鼓、大鼓、太鼓の先生も来てくれるのですから、こんなに恵まれているところはありません。四期生の深田と高野はすでに『釣狐』まで披いており、八期生の内藤も『三番叟』を披き、万作の会のメンバーとして皆頑張っています。

狂言の将来

代々受け継いできた狂言を、どのように次代に伝えていけばよいのか。私の一番大きなテーマです。まず言葉。弟子たちに教えていると、私が身につけてきた日本語の発音とは、随分変わってきているると思います。たとえば音がダブる時、玄人に限らず、今の若い人たちはこれをはっきりと発音できないようです。「用を言いつけられた」というフレーズの場合、「ようを言いつけられた」と「ようを」の「を」がなくなってしまう。私どもでは「よう」を「よー」と明確に言ってから「を」を新たに言わなくてはいけない。しばしば出てくる「ござる」の「る」が巻き舌になる。「らりるれろ」の言い方に、外国語の発音の影響があるように感じます。さらに「しゃしゅしょ」という発音。狂言によく出てくる「さらばこの辺りで商売いたそう」というフレーズ。「商売」が「そうばい」と聞こえてしまう。これは女性に多いのですが、「しょ」という言葉がきちっと出てこない。「しょ」が「そ」になってしまう。航空機の客室乗務員のアナウンスで「上昇中は……」が「ぞうそうつうは……」に聞こえたことがあります。

私たちは口伝えで狂言を教えますが、子供の時から習っている人は、教えた通りに発音できますが、ある程度大人になってからだと、どうしても今風の発音になってしまうのです。狂言の日本語がすべて正しいとは思いませんが、観客の耳に届く明確さは大切だし、古い日本語かもしれませんが、ある種の美しさもあると思います。言葉の語尾を口の中に入れてしまって消えるようなことを狂言ではしませんが、アナウンサーや現代劇の俳優では日常茶飯事です。

今の学校の授業はどうなっているのでしょうか。昔は、「国語」を「読み方」と言い、小学校の時、教材にあった『末広かり』を読まされました。椅子から立ち上がり、背筋を伸ばして教科書を目線に持ち、大きな声で素読をするのです。声を出して古典を読めば、やがて耳からの古典の理解力はつくと思います。

平成二十三（二〇一一）年十二月、東日本大震災で被害を受けたいわき市の四倉小学校を訪れ、ワークショップをしました。児童たちはＮＨＫ・Ｅテレの『にほんごであそぼ』で息子の萬斎がやっている「ややこしや」を歌って私たちを送りだしてくれ、児童たちの頼もしさが記憶に残りました。

新しい元号の「令和」は「レエワ」か「レイワ」どちらの発音なのか、どちらでも良いという曖昧さが気になります。狂言師の私としては「レイワ」と言いたいところです。若い人は「二月」「四月」を「にがつ」「しがつ」と言葉の始めを強調して言います。私たち世代は平らに「にがつ」「しがつ」と言ったものです。少なくとも標準語では。

私の弟子たちはみな個性的ですが、夢中になりすぎて自分が見えなくなる者には、冷静な演技を求める必要があります。世阿弥の言う「離見の見」の精神は、自らを客観的に見ることの大切さを説いているのですが、観客や他者の眼を通して自分を見ることをも含んでいます。

能楽堂以外のホールなどでの普及公演では、観客が大変喜んで笑いも大きい。しかし、こう演じればお客が喜ぶ、ということを第一義にして演技することに慣れてしまうと、能と共に演じる能舞台での狂言の格に欠けることになりはしないかと。格などという表現は、古くさいと思われるかもしれませんが、観客に対する媚は戒めたい。世阿弥は「大勢の客を大笑いさせるような、をかし（狂言）は俗な芸で、笑いの内にも楽しみを含むような演技が、本当に観客を感動させるのである」（要約）と狂言のあるべき姿を説いています。「笑わせてナンボ」というような演技は伝統的に求めてこなかったのです。

たとえ喜劇的な内容の狂言であっても慣れに流されず、常に「一、美しく、二、面白く」最後に「をかしく」が理想なのです。

弟子への稽古では、説明する言葉の難しさをいつも感じています。説明を聞く弟子が自分の状態を把握できず、誇大に聞き取ってしまうことがあるので「違う」「もう一度」「早い」「遅い」などの注意の繰り返しが効果的です。伝統的な型、様式を、本人の個性を抑制しながら体得し、その上で自分の創意を盛り込むのが伝統芸の本道です。

私どもは、『法螺侍』『まちがいの狂言』と二演目のシェイクスピアの翻案狂言を経験しました。この場合、饒舌な台詞を早くしゃべるため、抑揚を抑えることもありますが、古典ではおおらかさが大切で、たとえば「私はどこそこに行きたい」という時、「私は」とはっきり言って、「どこそこ」を伸ばしながら張って、「行きたい」を下げてピシッと決める。これが「江戸前」の私たちの資質であり、弟子に身につけてほしい台詞術の一面なのです。

狂言を観て、大笑いしてくれなくても、人間讃歌の劇と言われる内容を楽しんでくれればよいと思います。そのためには古典的な台詞をよく理解して味わっていただきたい。

これからの演者は、どこまで古典を守り、どの点で現代と折り合っていくのか、あるいは現代に生きる意識を持って行くのか。その辺が演者の大きな課題になると思います。

能はそんなに生易しく分かるものではありませんから、面、装束を視覚的に楽しんだり、囃子を音楽的に聴く、舞の美しさを味わうなどの面でも成り立つという、分かる分からないを超越した世界があります。

狂言はストーリー、台詞があくまで中心なので、その台詞が分かりにくくなることで、とても打撃を受ける演劇形態です。多くの人が「狂言は面白い。能は難しくて退屈だ」と言いますが、むしろ狂言の方が将来的に不安があります。古典芸能も今を生きてこその芸、しかし私は自分を振り返って「おのずから変わる」ことを大事にしてきたと思っています。

和楽の世界とは

辞書によると、和楽とは「和《なご》やかに和《やわ》らぎ楽しむ」こと。その言葉通り、狂言では舞台の上では喧嘩をしていても、幕が下りると仲直りをして握手をしているような感じがあります。対立よりお互いに許しあう、和楽に通じる内容で、役柄同士が鋭く対立する外国の演劇とは大きく違うところでしょう。

狂言は「人間讃歌の劇」とよく言われますが、この意味するところも和楽の世界と相通ずるのではないでしょうか。また遡れば、世阿弥は狂言を「幽玄の上階のをかし」と言っています。この言葉によって世阿弥が狂言に求めたものは、能の描くものと通い合う和楽の世界、それをこそ狂言の理想像として追求すべきだと言っているのではないか、そう私は解釈しています。その理想は六百年経った今も、私たちが狂言に求めるものと大差なく、つながっているものでしょう。

私がこのごろよく選んでいる演目をみればわかっていただけるのですが、『柑子』『栗焼』『舟渡聟』と、どれも和楽、幽玄の上階の「をかし」に集約されたものが匂いたつ作品です。そこに能と共に歩んだ狂言の狂言たる姿があると思うのです。ですから、能の質と相容れないような狂言の芸質は望みません。現れたところはリアリズムであり喜劇であっても、舞歌を大切にし、それを背負って演技する精神は能と共通であるという気がしてなりません。つまり、狂言と能とは違うものであると同時に、一緒のものであることが大事なのです。

ある喜劇の役者さんが「コメディアンは笑いを取ることが勝負だ」と書かれた文章を最近何かで読みましたが、もし本当にコメディアンがそうしたものであるならば、狂言師はコメディアンではない、それとは遠い存在であると思うのです。それは、狂言がみなさんに歓迎されて、観てくださる方が多くなり、喜んで笑って観ていただけばいいただくほど、私には「それでいいのかなぁ」と思えることとも関連しています。

演者は観客の反応に非常に敏感ですが、いらっしゃる観客はさまざまです。また、同じ曲でも、観る空間や、能の会か狂言の会か、能を見慣れているかそうでないか、そうしたことによって反応は違うものです。たとえば、見巧者ばかりが集まる能の会で固い能の間にぽんと狂言をやった時に、多くの人が笑うような場面でも全然笑いが起こらないことがあります。そういう時、反応の多いホールでの狂言会に慣れた演者であれば、焦りも出るでしょう。「自分が下手だからこうなのかしらん?」と。しかし、狂言は和楽の世界のものと考えれば、後で残るものの中に笑みを含んでもらえればよい、ということになります。

狂言に謡や舞があれば、それが美しく響くように、見えなくてはいけません。単に面白く、現代的で、生々しいものであっては困るのです。そのうえで、狂言を見終わったときに、「ああ、随分と現代的なんだな」という感じが観客の心に残せればよい。つまり生々しさは観客が感じるもので、こちらが演じるものではないのです。狂言にある様式、曲や役の位というものは、生々しさをオブラートのように包み込んでくれるものですから、演技の術として舞歌の二曲をきちっと身につけて、今ある古典の狂言を演ずれば、自然に和楽の世界に通ずるのだと思われるのです。

若い時にはあれも夢見たい、これもやりたい、こういう方向もほしいと思っていました。それがだんだんに集約され、残るものは簡素な形で、それを豊かな演技で柔らかく包みこみながら演じる、そういうふうに私も変わってきたと感じています。そのように狂言独自のよき本質を追求していったところに、自ずからそこはかとなく匂いたち、見終わった後「ああ、面白かったなあ」と思っていただける世界がある。それが和楽ということだと思います。

時の流れと狂言

狂言は、世阿弥の言葉で「幽玄の上階のをかし」といわれて品の良い笑いを求めてきました。それは裏返せば、世阿弥のころにも笑わせよう笑わせようという媚を売るような演技や、下品な笑いがたくさんあったということでしょう。現存の狂言のうちでも『連尺《れんじゃく》』にはオナラをする場面がでてきます。ですから、能と一緒になり得るような狂言であるためにはそういうものをなるべくするな、ということを世阿弥は狂言に求めたのではないかと思います。

『花子《はなご》』にも、大曲だからこそ、そのような言葉をカットしていったのではないかと思うのですが、ひとつの例があることは、すでに申しました。

長い間の洗練で切り捨ててきた「下品な笑い」とは少々ずれるかもしれませんが、『首引《くびひき》』という曲の、為朝《ためとも》と姫鬼が勝負をする場面で「太い足を押し込むによってこらえられません」と言って泣く姫鬼の言葉を、「卑怯なことをするによってこらえられません」と改定したことがありました。今では、私は本来の言葉で演じていますが、大正・昭和初期の親世代はそれを下品と思い、「卑怯なこと」と言ったほうが良いと思ったのでしょう。私の感覚では元々の言葉のほうが面白いし、そのくらいは下品というよりは姫鬼と為朝との色っぽさということと関連してくるもので、それを「卑怯なことをするによって」と言ってしまうと真面目過ぎてしまって面白みが無くなるだろうと思うのです。

こうした復活や、観客に分かっていただくための工夫の限度は、流儀により家により人により様々でしょうが、私は歴史の流れのなかで伝えていくうちの〝自然な変化〟というものも、尊いものであると思います。

現在の狂言への〝自然な変化〟というものを考えた時に、黒川能の『末広かり』の道行で太郎冠者が天候のことを言うのは、農民が演ずる姿として面白く自然ですが、その民俗芸能的な貴重さと私たちの狂言の価値とは異なります。また鷺流の狂言が滅びた一原因ではないかと言われている、その御座敷狂言的な、くだけた芸質などは、世の中に合わず自然に淘汰されてきたものの例ではないかと思われます。つまり、冒頭にお話ししたような世阿弥が狂言に求めた「幽玄の上階のをかし」という精神が今に伝わっているということではないでしょうか。

心境とこれから

最近何よりも一所懸命やっていることはこれからの人を教えるということです。この一所懸命教えるということは非常にエネルギーのいることで、正直に言うと時には多少苛々しながら教えていることもあります。芸の伝統というものには、その時々の風潮なり時の流れに左右されて動く面と、そうではない一つの太いバックボーンとがあるはずなのです。つまり、若い時の厳しい修業に基づくバックボーン、それからその後のいろいろな試みから自分が吸い上げる現代への感覚、この両方がバランスよく身体の中に入っていなければいけないのではないかというのが私の考えですし、私自身が歩んできた姿ではないのかなあ、と自分では思っています。ですから若い時は、今の舞台で今の観客の皆さまに必ずしも完全にアピールできなくても、質として、いい芸はいい芸だということもありえると思います。教えるということについては観客の皆さまが「ああ、万作さんのところはみんな成長してきているな」と少しでも思ってくだされればそれで満足です。

また、私自身のことに翻ってみますと、これからも自分が求めてきた狂言、そして狂言の延長線上にある舞台芸術としての質、そういうものを探求していきたいと思っています。それは古典の狂言においで言えば、今まで『川上』『清水座頭』『釣狐』『花子』といった曲で自分が求めてきた狂言の質をより一層探求していきたい。また新しいことにおいても自分が夢を描いている世界を探求していきたいと思っています。たとえばそれは能と狂言が現代において融合する、非常に抽象的な言い方ですが能的質と狂言的質とが現代という場において結びついた舞台というのが私の夢なのです。過去にやった中島敦の『山月記』への取り組みなどがその一つです。

歴史的に見れば能と狂言はそれぞれ交互にやることによって補い合い、また『船弁慶』や『安宅』などのように狂言的なものが能の中にうまく取り入れられている例ももちろんありますが、ここで言う意味とは少し異なります。私が古典のなかで求めてきた狂言的質と、能的質との融合――狂言にはいろいろな方向性がありますけれども、それが、狂言師であると同時に能楽師である自分がこれまでやってきたことの延長線で考えた、ひとつの今後の姿であると思います。

かねてから私は、狂言は日本語を代表する言葉による演劇のひとつだと思っています。たとえば私たちの狂言の特徴的な言葉の扱いとして抑揚があり、また一つ一つの音節に対して明快な口の開け方をしていくということがあります。たとえば「この辺りの者でござる」であれば、抑揚をつけるため二字目を張って「この辺りの」と言います。しかし抑揚といっても「こ」の字がなくなって「のあたり」としか聞こえないのでは「この」だか「その」だか「あの」だか分からなくなってしまっていけません。「のあたり」では何が始まったのか分からないでしょう。そこで、ぶつけるように「この」と言います。他にも「〜きるるによって」という台詞、その「るる」が一つの「る」になってしまってはいけません。これら滑舌の明快さが大切です。ことに面をつけて台詞を言う時に、それがきっちりしていなければ言葉がこもって通じません。こうした狂言の言葉は、私たちが昭和二十九(一九五四)年『夕鶴』をやった時に新橋演舞場の隅々まで言葉の一つ一つが通るというので、大きく評価されました。その後『子午線の祀り』の義経で出演した時も、私は台詞を明快に言うということを強く意識しました。こういうことは言葉を生命にしている狂言としては大変大事なことです。

古いことですが、私が初めて行ったアメリカのワシントン大学で教えたクラスはSpeech and Dramaという部門でした。つまり話すことと演劇というのは密接な関係にあるわけです。なかなか世の中ではそう受けとめられていないようですが、やはり話し方のサンプルが狂言の中に含まれているはずですし、狂言は言葉の芸だと思うのです。

また狂言や能の中でも流儀や家々によって特徴的な言葉の扱い方をする例があると思います。私たちの家の「い」という発音がそのようです。「い」は「え」と混同されやすい音ですが、私たちの「い」というのは「え」が混ざらない「い」なのです。これには昔父親の時代に、長唄の人から野村家の「い」という発音は独特である、特殊であると指摘を受けたことがあります。しかし、私は特殊だからこそ余計それを伝えたいという思いがあります。少々意固地かもしれませんが。和泉流でも「ござる」のごを鼻濁音でいう派があって特徴的で面白いと思っていましたが、それも消えてしまったようです。狂言でも能でもかつては、流儀ごとはもちろん地方や家ごとにも、節扱い、謡い方、発音が随分違うこともあったようですが、今ではどんどんなくなってきています。芸風の違いはなるべく大事にしたいと思うのです。

父の著作の中に、家の伝書にアイウエオはこう、サシスセソはこのように発音するという記述があると述べられています。たとえば「い」は「歯を合わせ専ら舌に力を入れること」といった具合に。こんなことも書かれてあるくらいですから、やはり狂言というのは言葉を大事にしてきたということが言えるでしょう。

一方、私自身はやっとこのごろ、この言葉はこういう風に張った方が良い、この言葉はこの程度の張り方が良い、などと様々なことが自分で思えるようになってきました。もちろん先に述べたような言葉の基礎を踏まえたうえでですが。狂言の言葉には、当然字数によってオーソドックスな抑揚パターンや息継ぎがあります。「この辺りの者でござる」と「これはこの辺りに住まい致す者でござる」では同じような語句でも抑揚は違います。あるいは同じ言葉でも、役によって違います。基本はこうなるということが分かりきった上で、父親から習ったのはこうだ、しかしある時の父親だったらこうやる、叔父・三宅藤九郎だったらこんな感じの言い方かな、あるいは大蔵流のあの家だったらこうやるな、しかし大蔵流の言葉はこうだからこう張れる、和泉流は言葉が違うからここを強調することになっているとか、そういうことが色々とよぎるのです。自分の選択の余地が出てくるわけで、その中で試行錯誤をします。『枕物狂』なども二度三度やりますと、時によって違うこともあります。こういう言い方も、ああいう言い方も成り立つ、しかしこの方がいい、という決定することも自分でできるようになってくるわけです。これも言葉の芸としての狂言の面白さで、それを考えるのがこのごろ大変楽しくなってきました。

万作現在形

平成二十二（二〇一〇）年厳島神社能舞台で袴狂言の形式で勤めた『釣狐』をもって、足かけ四年にわたった「万作・狂言十八選」の公演が終わりました。私としては日々の舞台のうちの一つという気持ちで自然に取り組んできたのですが、旧金毘羅大芝居（金丸座）など全国各地の新しい場所でやれたことはとても新鮮な思いでした。そして『釣狐』を袴で勤めたことは、私にとってそれはとても想い出に残ることになるでしょうし、宮島でやった『釣狐』からある種の感触を得て十八選が終わりになったということが、次に向けた自分の芸の大きな意味での針路を示してくれているような気がしています。

つまりそれは、このところ自身の会で『釣狐』も含めて『祐善』『楽阿弥』『唐人子宝《とうじんこだから》』（※）という舞歌の要素がとても大事な狂言に取り組んでいるというところにもあらわれていまして、そういう曲の在り方に自分は今、試練を求めているのだなあと思えるのです。

これらの曲はたとえば『棒縛』などの曲と比べると台詞劇かどうかという意味でも違いますし、笑いの要素という意味でも違うもので、見所からもしばしば「お能のようだ」という感想を伺います。狂言は能と対比して語られることが多いですから率直な感想だと思いますし、私自身も若い時分から狂言が能と違うぞということを大きく考えてこの道をやってきたことは確かです。しかし父が他界してからそのように狭めていた考えからだんだんと能と狂言の共通性というようなものを思うことが多くなってきました。そして能の持つ味わいが狂言の中からも表現されるような狂言能とでも言えるような世界というのが、一つあってもいいのではないかと思うようになってきています。

私が狂言師としてその魅力を感じる演能というのは、演者が無の精神で舞っているようでいて、一方で観客にはそれが無ではなく役の多面的な姿が演者から現れ出ているように感じられる、そういう演能です。それには演者が始めから情の能を舞おうと思って臨んでいるのではなく、一種無機的でいる必要があるのではないかと思うのです。たとえば『砧』という能ならば、都から久しく帰らない夫を秋夜に砧を打ちながら待つ女の寂寥が情趣豊かに謡い込まれているわけですが、舞っている演者がいかにもその雰囲気に浸りこんで寂しく女性らしく舞おうとするのではなく、謡が作り出す情感に対して演者の存在感が役に埋もれずに対峙するということです。そこに自ずと現れた役の姿がある、それこそが能が持つ一番演劇的な最高の姿かもしれないと思うのです。そういうものが狂言においても成り立つかどうか、それが先に述べたような曲に今の私が抱いている思いでもあります。

舞狂言の狂言らしさはというと山の芋（『野老《ところ》』）、蛸（『蛸』）、傘張り（『祐善』）、尺八吹き（『楽阿弥』）というふうな庶民的な職人や動植物を題材にしているところであり、それが狂言らしい軽《かろ》みとして曲に現れます。これらの曲を演じるときにいかんせん、私の身体はどちらかと言えば背筋の伸びた身体であり、型を抜けるようなある種写実的な面白味を持ち合わせた身体ではありません。ですからたとえば『楽阿弥』では狂言らしい軽みを出そう出そうとすることよりもむしろ世間に反抗する強さを意識します。それはたとえば速い舞を舞うときには速いだけに終わらないというふうに、反対の姿が描けていないと狂言らしい軽みは描けないのではないかという思いなのです。前にも申しましたが、能では野口兼資（宝生流）先生のような名人が「天狗物は、やわらかく優しくやれ」と仰っていますが、これは天狗というものの童話性も踏まえておられるのかもしれませんが、天狗だからと徒に武張って強くやろうとするだけでは成り立たない、つまり反対の姿で描くということがあるのではないかということを、私はこのごろとても思うようになりました。

他にも舞狂言については、謡に対しても横道萬里雄先生が能とは違う狂言らしい謡い方がもっとあってほしいと指摘されたように、能と共通でありながら狂言らしさを探求すべき要素があると私自身思っています。見所の皆さまにもこうした曲が持つ、常の狂言とは少し違った趣を、味わい楽しんでいただければよいのですが。

※『唐人子宝』（狂言）…九州箱崎の武士に仕える唐人の帰国を願い、唐から子供たちがやって来る。帰国を許された唐人は楽を舞う。

八十歳の初心

平成二十三（二〇一一）年、私は八十歳を迎えましたが、能楽界、狂言界を見渡しても私と同世代の方で現役で活躍しておられる方が本当に少なくなり、私より下の世代でも万之介を含め戦後から活動している世代は随分少なくなりました。そして何よりも感慨深いのは七十九歳で他界した父の年齢を超えてしまったということです。父に追いつきたいと思って修業してきた自分からすると、思うところ様々であります。

それにつけても思い出すのは、晩年の父がインタビューなどで「このごろ舞台が怖い」という感想を漏らしていたことで、最近私もその気持ちがとてもよく分かるようになってきました。それは年をとってきたことによる台詞への不安感です。手慣れた曲であればそれはありませんが、演じられることの少ない曲や新作はかなり時間をかけて覚えて臨んでも、本番の舞台になると台詞が出てこないのではないか、また別の似たような台詞と言い間違えてしまうのではないかという不安感に襲われるのです。それによい舞台を創る責任もあるからです。

さらに国立能楽堂の主催公演などは記録に残すためにビデオに撮られ、それが永久に残ってしまうわけでそういうことへの恐ろしさも感じるのです。

平成二十三（二〇一一）年十月の私の傘寿記念と題した「万作を観る会」も、初めて演じる『火打袋風流』に二度目の『太鼓負《たいこおい》』（※）と稀曲を演じましたので、終わった時には心底ホッとしました。まさに「今年一年終わった！」と言わんばかりの安堵感でした。と同時に一つの物を今の年齢でやったという喜びと、非常なる満足感とが湧き上がって参りました。こういう感情は、何も私ばかりではなく年をとると皆さまそうなってくるのではないかと思います。

一方、年をとるにつれて新たな考えに辿り着くこともあります。先日世田谷パブリックシアターで『奈須与市語』を致しましたが、こうした手慣れた曲は身体に染み込んでいますので台詞に対する不安感は全くありませんが、体力的には大変な曲です。若いころは各役に浸りきった語りで、その歯切れのよさにこだわっていましたが、最近では一歩引いて自分の視点で考える間《ま》があります。つまり見《けん》所《しょ》の観客の方の呼吸というものを意識する、そして演者の呼吸と見所の呼吸が一致するということがありはしないか？　と思うようになってきました。これは決して頭で考えてそうなったのではなく、あえて説明するならばこうであるというわけで、自分の身体が今までの呼吸に加えて、もう一つ別な呼吸をしないといけないと思うことから自ずと生まれてきた意識なのかもしれません。

前にも言った、三つの役と共に一番庶民的な顔で庶民的な声をあげる群衆を意識するというのが、今の私の『奈須与市語』なのです。

おそらくこのように考えるのは、私が若い時分に『子午線の祀り』や『知盛』の群読で宇野重吉さんや山本安英さんたちと一緒にやった経験というものも影響しているのではないかと思います。山本さんの朗読が持つ言葉の優しさ、柔らかさ、そして説得力。それは雄弁に語るテクニックとは反対とも言える、心が伝わる言葉の技術でしょう。劇団民芸の亡き大滝秀治さんは宇野さんから「思えば出る。思わないことはするな」と教わったそうですが、宇野さんの発する言葉が持つリアリティというのは、演者が言葉を噛み砕いて自身がまず分かり尽くしてから、それを観客に優しく語りかけるということで初めて生まれているのだろうと思います。『子午線の祀り』のプロローグとエピローグに出てくる「地球の中心から延びる一本の直線が、……」は説得力を持った優しい声で人間世界からの声として素晴らしいものでした。そういうものを私はあの経験から学んでいるのかもしれないと思っているのです。狂言は様式的演技がリアリティよりも先ですから、その差はすごくあるように思われますが、究極は様式的演技の延長に心が伝わる言葉のリアリティというものがあると思います。

八十歳を迎え、年をとってエネルギーが落ちていく肉体という条件の中で、これまでの経験など様々な条件が凝縮されて、今の私の舞台が作られるのだと思います。『川上』や『姨捨』の間語りなどがその代表ですが、心が伝わる言葉のリアリティで描き出したい精神的演劇性という世界を大事にしていきたいと思っております。

※『太鼓負』（狂言）…祇園会で警固の役になった夫は、もっと良い役をもらうよう妻に叱咤され、祭行列の先頭の太鼓を背負う役につく。

守ること、伝えること

今もなお私の一番の関心事は私が狂言において大事だと思っていることが次の世代に的確に伝わるかどうか、ということです。

ドナルド・キーン先生がＮＨＫの『一〇〇年インタビュー』という番組で一〇〇年後の日本人へのメッセージとして、「日本語を一番の宝物として守ってください」ということを仰っていました。そして日本の古典文学の素晴らしさ、日本語の美しさをもっと多くの日本人が知るためには、いきなり古語で古典文学に挑ませるのではなく、まず現代語でその文学としての魅力を知ることから入ることがもっと考えられて良いのではないかと仰っていました。狂言においても伝えていく演者側が、古典の狂言の魅力をきちんと把握しているかどうかということが、私が冒頭で申し上げた関心事なのです。文学作品は言葉として残っていく古典ですが、狂言には言葉と動作からなる演技の要素がありますから、その魅力を次の世代に芸として的確に伝えていくことが重要です。

狂言の家に生まれた者はともかく、そうではない弟子が多いですから、これらの人には世間一般の日常の日本語の乱れの影響がそのまま狂言の芸にも入ってきているといえます。

それと言葉のテンポ。これは父（六世野村万蔵）が私たちの若いころに注意していたことでもありますが、つまり古典以外の新しい取り組みをやると言葉のテンポが速くなるのです。大量の言葉をスピーディーに喋る現代劇の技法が入って来て、古典のおおらかな抑揚が無くなってしまうわけです。役の感情本位ということを意識して物を言うとどんどん速くなってしまいますが、狂言の演技では様式を通して感情を表すので、大きな抑揚で言葉が速まるのを食い止めなければなりません。

私どもは型から芸に入りますが、この様式により、演者が役に埋もれず、一つの役をただ心だけでは追っていかないというところが狂言の重要な魅力のひとつだと思います。

たとえば太郎冠者がある気持ちに入っていても、それからすぐフッと離れて観客に話しかけたり、また離れて次郎冠者に話しかける。酒を飲んで酔っぱらっていては、立派に舞を舞えないはずなのですが、そこを吹っ切っていざ舞となればきちっと舞って、また尻餅ついて元の酔いに戻る。謡もしかり。つまりそこには一種の様式があるのであって、一つの役のある状況に入り込んでそこに居座ってしまうリアルな演技とは異なります。そういう役から出たり入ったりできること、これが狂言の面白いところであり、演者にとっても大事なことだと思っています。舞いながら酔っていく『木六駄』の鶉舞はむしろ例外です。

演者自身の役に対するゆとりと愛着、愛情が大切で、それが十分にあるからこそ観客もその役に対して愛着を持って舞台に接することができるという関係があるのではと思っています。狂言の演者は役の方ばかりが前面に出ていくのではなく、舞台の上にすっくと立っている演者自身の姿も欲しいのです。様式を備えた演者自身の存在感と役が二重映しになって、見所《けんしょ》に見えればよいと思います。

私の弟子は倅を含め、ベテラン、中堅、若手とそれぞれの修業の時分にあった稽古をしています。そして共通して言えることは、私が思っている狂言の魅力を守って、芸としてつなげてほしいという思いです。私の世代ももちろん、父の時代の狂言とは少し質が変わった部分があるかと思いますが、しかしまたこの次の世代を見たときにあまりに急激な質的変化は抑えたいと思うのです。これは、私の年齢からくる〝伝統〟というものの意識の仕方によるのかもしれませんが、狂言の魅力ある芸の特質を次の世代につなげていかなくてはならないという責任を感じるからなのです。

野村万作　年譜

昭和六　　（一九三一）年　六月二十二日　東京に生まれる。本名、二朗。

昭和九　　（一九三四）年　三歳　『靭猿』子猿役で初舞台。

昭和十　　（一九三五）年　四歳　『痺』で初シテ。

昭和十三　（一九三八）年　七歳　祖父・初世野村萬斎死去。滝野川第一小学校入学。

昭和十九　（一九四四）年　十三歳　都立第五中学校入学。

昭和二十一（一九四六）年　十五歳　「冠者会」発足。

昭和二十三（一九四八）年　十七歳　早稲田大学附属第二高等学院入学
昭和二十四（一九四九）年　十八歳　新制早稲田大学入学。「能楽ルネッサンスの会」、「伝統芸術の会」に参加。

昭和二十五（一九五〇）年　十九歳　父の幼名「万作」を襲名。『三番叟』『奈須与市語』を披く。

昭和二十八（一九五三）年　二十二歳　早稲田大学文学部国文学科卒業。「冠者会」で新作狂言『痩蛙』出演。『武悪』で父・万蔵及び三世山本東次郎と異流共演。能楽賞の会で『奈須与市語』により一位となる。

昭和二十九（一九五四）年　二十三歳　『夕鶴』（木下順二作、武智鉄二演出）初演に出演。

昭和三十　（一九五五）年　二十四歳　稽古会「狂言あとりえ」、「白木狂言の会」発足。『彦市ばなし』（木下順二作、武智鉄二演出）、『月に憑かれたピエロ』（シェーンベルク作曲、武智鉄二演出）に出演。

昭和三十一（一九五六）年　二十五歳　『釣狐』を披く。

昭和三十二（一九五七）年　二十六歳　パリ国際演劇祭能楽団に参加、『梟山伏』『棒縛』など上演（狂言初めての海外公演）。『金岡』を披く。『楢山節考』（岡倉士朗・横道萬里雄演出）に主演。

昭和三十三（一九五八）年　二十七歳　『唖の一声』（飯沢匡作）に主演。

昭和三十四（一九五九）年　二十八歳　「冠者会」が【狂言『彦市ばなし』の企画『三人片輪』の演出・演技】で芸術祭奨励賞受賞。【新作狂言『彦市ばなし』のかつての初演に対する充分な検討をもつての今回の再演企画の成功と、伝統的狂言『三人片輪』の統一ある演出と若々しい演技態度による成果、との二つを併せて考えると、この会の将来性に大きな期待がもてる。】『木六駄』を初演。

昭和三十五（一九六〇）年　二十九歳　阪本若葉子と結婚。『花子』を披く。

昭和三十八（一九六三）年　三十二歳　ワシントン大学客員教授として渡米。

昭和三十九（一九六四）年　三十三歳　「冠者会」の『釣狐』で芸術祭奨励賞を受賞。【狂言中屈指の大曲を破綻なく克服したシテ万作、アド万之丞の演技には将来を期待させるものがあった。】

昭和四十　（一九六五）年　三十四歳　「野村狂言の会」発足。東京能楽団に参加しギリシア・ドイツ、野村狂言団としてドイツ・イタリア・オーストリアなどヨーロッパ巡演、『靫猿』『茸』

など上演。能楽協会常務理事就任。

昭和四十一（一九六六）年　三十五歳　インド・ニューデリーで『梟山伏』『棒縛』など上演。サルトル夫妻と交流、『附子』上演。

昭和四十二（一九六七）年　三十六歳　新作能『鷹姫』（横道萬里雄作）に出演。『月見座頭』試演。

昭和四十三（一九六八）年　三十七歳　野村狂言団アメリカ・カナダ公演に団長として参加。『栗田口』で芸術祭奨励賞受賞。【演出効果のあげにくい曲だが、シテ万之丞をはじめ一同（万作・万蔵）気合の充実によって、傑出した成果をみせた。】

昭和四十四（一九六九）年　三十八歳　群読『知盛』に参加。

昭和四十五（一九七〇）年　三十九歳　「冥の会」結成。

昭和四十六（一九七一）年　四十歳　金春流とともに副団長としてアメリカ・カナダ公演に参加。冥の会『オイディプス王』（観世栄夫演出）に出演。皇居天覧狂言『棒縛』を父・万蔵、叔父・三宅藤九郎と上演。能楽協会常務理事再任。

昭和四十七（一九七二）年　四十一歳　パリ国際演劇祭で『釣狐』を演ずる。冥の会『アガメムノン』に出演。世阿弥座欧州公演に参加。能『定家』の間狂言で芸術祭優秀賞受賞。【格の正しい態度と語り口によって、この大曲にふさわしいアイの役割を美事に演じた。】

昭和四十八（一九七三）年　四十二歳　『武悪』『花子』のアドで芸術祭優秀賞受賞。【両曲ともに重要なアドだが、

完成度の高い優れた演技によってシテを助け、曲を支えた。】

昭和四十九（一九七四）年　四十三歳

ハワイ大学客員教授を務める。『名人伝』（中島敦原作）に主演。『文蔵』で芸術祭優秀賞受賞。【シテ（野村万作）は至難な「語り」をみごとに演じ、これに対するアド（野村万之丞）は、十分にシテの力量を発揮せしめてよく調和した舞台成果をあげた。】

昭和五十（一九七五）年　四十四歳

野村狂言団団長としてアメリカ・カナダ・南米公演。冥の会『メディア』に出演。

昭和五十一（一九七六）年　四十五歳

パリ・ロンドン公演で『靭猿』上演。日本文化界使節団として訪中。『餓鬼供養』（遠藤啄郎構成・演出）に主演。

昭和五十二（一九七七）年　四十六歳

ジャン・ルイ・バローと演技交流。ネスカフェのCMに出演。

「釣狐を観る会」連続上演（十月～翌五十三年二月）で芸術祭大賞を受賞。【鍛えられた高度の演技力を遺憾なく発揮し、至難の大曲を堅実に演じた。なお、この大役を短期間に数回連続上演する意欲と、その優れた企画によって狂言への関心を高めた功は大きい。】

昭和五十三（一九七八）年　四十七歳

父・六世野村万蔵死去。『姨捨』間狂言初演。『鳴子』で大阪文化祭賞受賞。

昭和五十四（一九七九）年　四十八歳

『子午線の祀り』（木下順二作）に義経役で出演、紀伊国屋演劇賞を受賞。以降第五次公演まで出演。能楽協会理事再任。日仏演劇協会副会長就任。

昭和五十五（一九八〇）年　四十九歳

アメリカ西海岸で父・六世万蔵追悼公演を行う。

昭和五十六（一九八一）年　五十歳

パリ能公演に参加。「日本伝統芸能五人の会」でアメリカ公演。UCLAで演技指導を行う。

昭和五十七（一九八二）年　五十一歳

『花子』で芸術祭優秀賞を受賞。【シテ万作は後場の歌謡部分において創意に富む熟達した演技で夫の感情をみごとに表現し、アド妻の万之丞は安定感ある緩急適切な演技によって一曲の成果を高めた功が大きく、アド太郎冠者の又三郎も両人に調和した力量の的確さが評価される。】

野村狂言団団長として初の訪中公演（北京・上海）、『茸』『舟渡聟』など上演。

昭和五十八（一九八三）年　五十二歳

サンフランシスコで演技指導と公演を行う。国立能楽堂柿落しで『花子』を上演。

昭和五十九（一九八四）年　五十三歳

野村狂言団団長としてアメリカ・ニューヨークで薪狂言、『三番叟』『茸』など上演。舞台生活五十周年記念の独演会を催す。『茶子味梅』『奈須与市語』『止動方角』上演。

『太郎冠者を生きる』（白水社）出版。

昭和六十　（一九八五）年　五十四歳

『桧垣』間狂言初演。野村狂言団団長としてオーストラリア・シンガポールで公演、『棒縛』など上演。

宝生流スウェーデン公演に参加、『棒縛』上演。

昭和六十一（一九八六）年　五十五歳
法政大学観世寿夫能楽賞を受賞。【自身の主催する「万作の会」での『木六駄』『連歌盗人』をはじめ、近年の舞台は鍛えられた高度の演技力を発揮し、狂言・間狂言とも卓越した成果が多い。また現代劇にも積極的に参加し、「山本安英の会」の『子午線の祀り』では、狂言の技法を生かした演技によって、将来の語り物劇発展への期待を抱かせた。】
喜多流アメリカ公演に参加『舟渡聟』『痩松』上演。『狸腹鼓』を披く。東宮御所天覧狂言『蝸牛』上演。

昭和六十二（一九八七）年　五十六歳
「釣狐を観る会」連続上演（一月〜二月、九月）。

昭和六十三（一九八八）年　五十七歳
ハワイ大学客員教授として狂言指導。

平成元　（一九八九）年　五十八歳
「日本伝統芸能五人の会」副団長として中国公演に参加（北京、洛陽、西安）、『棒縛』上演。
野村狂言団団長としてモスクワ・レニングラードで公演、『木六駄』『鎌腹』『二人袴』『茸』など上演。

平成二　（一九九〇）年　五十九歳
喜多流アメリカ公演に副団長として参加、『三番叟』『蝸牛』など上演。ハワイ大学の学生を招き狂言海外交流の夕べを催す。
【狂言の海外公演に尽くした努力と、『花子』の大曲に再び挑むなど、芸の円熟と併せてその充実した活動】に対し松尾芸能賞を受賞。

【能・狂言の優れた演技に対し。和泉流を継承。外国公演にも積極的に取り組み、狂言の評価を高めた。特に『釣狐』では狂言の劇性を示した。】として日本芸術院賞を受賞。

写真集『ござる　野村万作の藝』（撮影・藤森武、講談社）出版。

平成三（一九九一）年　六十歳　『法螺侍』（高橋康也作）を演出・主演。宝生流北京公演に参加。「万作を観る会」で『枕物狂』を披く。

『法螺侍』で「ロンドン・ジャパンフェスティバル１９９１」に参加。『餓鬼十王』復曲上演。

平成四（一九九二）年　六十一歳　「万作の会」団長としてアメリカ公演（サンフランシスコ・ニューヨーク・ロサンゼルスなど）。『三番叟』『釣狐』『靫猿』等上演。中島敦作『李陵』朗読の会に出演。

平成五（一九九三）年　六十二歳　『釣狐』演じ納めの連続公演、『白狐』試演。上演回数は披き以来二十六回。

母・梅子死去。

平成六（一九九四）年　六十三歳　『法螺侍』を香港・オーストラリア・ニュージーランドで上演。舞台生活六十周年記念の「万作を観る会」で『三番叟』『金津地蔵』を上演。

平成七（一九九五）年　六十四歳　【多年能楽狂言方として精進し優れた技量を示してよく伝統芸能の発展に寄与した。】として紫綬褒章受章。『梅の木』（高橋睦郎作）に出演。

平成八（一九九六）年　六十五歳
『こぶとり』（北村想作、茂山千五郎・野村萬斎演出）に出演。『庵の梅』を披く。ドキュメンタリー「世界わが心の旅」に出演、中国の北京、蘇州などを訪問。

平成九（一九九七）年　六十六歳
『藪の中』（野村萬斎脚色・演出）に出演。パリ日本文化会館杮落しで『三番叟』を演ずる。アメリカ・ニューヨークジャパンソサエティ九十周年記念公演で『法螺侍』を上演。シカゴ・ロサンゼルスで狂言公演。

平成十（一九九八）年　六十七歳
主宰公演「野村狂言座」発足。「ベトナム・日本文化交流フェスティバル」に参加、ハノイで『棒縛』『蝸牛』公演。

【初舞台以来、狂言の世界で格調高い芸風を深め、その振興につとめた。また近代演劇との交流にも積極的に取り組み、海外でシェイクスピアを狂言化した舞台を数多く行なうなど、日本の演劇文化の向上においても功績は極めて大きい。】として坪内逍遙大賞を受賞。

平成十一（一九九九）年　六十八歳
狂言・昆劇交流公演『秋江』を国立能楽堂で上演、張継青と共演。狂言・昆劇交流公演『秋江』を南京で再演。「野村万作・萬斎二人展」を西武ギャラリーで催す。

平成十二（二〇〇〇）年　六十九歳
『鏡冠者』（いとうせいこう作、野村萬斎演出）に出演。

平成十三（二〇〇一）年　七十歳
『まちがいの狂言』（高橋康也作、野村萬斎演出）に出演。「日本伝統芸能五人の会」副団長として中国の北京、上海で公演、『二人袴』『舟渡聟』上演。

『まちがいの狂言』グローバル・バージョンでイギリスの「ジャパン2001」に参加。「RASYOMON」（野村萬斎演出）に出演。
古稀記念「万作を観る会」で『太鼓負』『唐人相撲』初演。
野村万作・萬斎『狂言でござる』（DVDビデオ・野村万作狂言集、早稲田大学演劇博物館企画）完成発表、『木六駄』など収録。

平成十四（二〇〇二）年　七十一歳
『三番叟 双之舞』を試演。早稲田大学より永年にわたり芸術の分野で多大な貢献をした校友を顕彰する、早稲田大学芸術功労者表彰を受ける。『まちがいの狂言』グローバル・バージョン再演に出演。

平成十五（二〇〇三）年　七十二歳
ベスト・ファーザー賞受賞。サンフランシスコ・ニューヨーク・ボストンで『靱猿』『川上』を上演。
『狂言三人三様　野村万作の巻』（岩波書店）出版。

平成十六（二〇〇四）年　七十三歳
パリ日本文化会館で『靱猿』上演。『生田川物語』（大岡信作）に出演。
舞台生活七十周年記念「大狂言会」を歌舞伎座で催す。『木六駄』『三番叟』上演。

平成十七（二〇〇五）年　七十四歳
『まちがいの狂言』グローバル・バージョン再々演に出演。
『敦—山月記・名人伝—』（中島敦原作、野村萬斎構成・演出）で『山月記』に主演。

平成十八（二〇〇六）年　七十五歳

『敦―山月記・名人伝―』全国三か所での再演に出演。

平成十九（二〇〇七）年　七十六歳

【長年にわたる狂言の優れた上演と幅広い舞台芸術への貢献】に対し朝日賞を受賞。この年より「万作・狂言十八選」公演を全国各地で開催。

【緻密な演技の中に深い情感を表現し、舞台は軽妙洒脱で品格がある。】として、重要無形文化財各個指定保持者（人間国宝）に認定される。

『比丘貞』を披く。

平成二十（二〇〇八）年　七十七歳

ワシントンD.C.「JAPAN! CULTURE + HYPER CULTURE」で『まちがいの狂言』と『川上』『茸』などを上演。

【戦後、日本の伝統芸能が遭遇した大きな混乱の中にあって、狂言の発展に寄与し、更には海外にも広く紹介する先駆的役割を果たした功績に対して】長谷川伸賞受賞。

朗読オラトリオ『繻子の靴』（クローデル作・渡邊守章訳・構成・演出）に出演。

喜寿記念の「万作を観る会」で『花子』上演。練馬名誉区民顕彰を受ける。

平成二十一（二〇〇九）年　七十八歳

舞台『六道輪廻』（大谷暢順原作・笠井賢一脚本・野村萬斎演出）を監修・出演。

北京・長安大劇院で『三番叟』を上演。【高い芸術的境地と古典継承への努力、日中文化交流への誠意に対し】中国芸術研究院名誉教授の称号を受ける。

平成二十二（二〇一〇）年　七十九歳

「万作・狂言十八選」公演で『法螺侍』を十五年ぶりに再演。

イタリアのミラノ・ピッコロ座、ローマ・テアトロパラディウムで狂言『川上』を上演。「万作を観る会」で袴狂言『釣狐前』を上演。

韓国国立劇場にて『川上』を上演。「万作・狂言十八選」最終公演で袴狂言『釣狐前』を厳島神社能舞台で演ずる。

平成二十三（二〇一一）年　八十歳

「人間国宝　野村万作の世界」（林和利著、明治書院）出版。

練馬区立練馬文化センター名誉館長に就任。北京・中国芸術研究院及び北京大学日本学研究センターで講演とワークショップを行う。

「万作を観る会」傘寿記念公演で『翁　火打袋風流』を初演。

平成二十四（二〇一二）年　八十一歳

【能楽における長年の功績に対し】旭日小綬章受章。

アメリカのサンフランシスコ・マウンテンビュー・ワシントンD.C.の三都市で万作の会狂言公演を行う。『月見座頭』を上演。「万作を観る会」で新作『食道楽』を演出・主演。

平成二十五（二〇一三）年　八十二歳

スーパー能『世阿弥』（梅原猛作・梅若玄祥演出、国立能楽堂企画・制作）初演に出演。

平成二十六（二〇一四）年　八十三歳

シンガポール・ビクトリアシアター狂言公演。『三番叟』『棒縛』上演。

「万作を観る会」芸歴八十年記念公演で袴狂言『釣狐前』、『三番叟神楽式・

双之舞』を上演。

平成二十七（二〇一五）年　八十四歳

世田谷パブリックシアター『敦―山月記・名人伝―』（中島敦作、野村萬斎構成・演出）配役を一新しての再演に甘蝿老師・老紀昌役で出演。「万作を観る会 in 西本願寺南能舞台」を開催。重要文化財の能舞台で『奈須与市語』『悪太郎』を上演。

【文化の向上発達に関し、特に功績顕著な者】として文化功労者顕彰を受ける。

「万作を観る会」で新作狂言『楢山節考』（深沢七郎原作・岡本克己脚色）を五十八年ぶりに上演。演出とおりん役を勤める。

ニューヨークジャパンソサエティで狂言公演を行う。『奈須与市語』『悪太郎』に出演。

平成二十八（二〇一六）年　八十五歳

東京の「万作を観る会」のほか新潟・山梨で昨年に引き続き自ら演出する新作狂言『楢山節考』を再演。

平成二十九（二〇一七）年　八十六歳

世田谷パブリックシアター開館二十周年記念公演で『唐人相撲』皇帝役を勤める。

米国・ロサンゼルス　JACCC（日米文化会館）でUCLA・早稲田大学主催狂言公演に出演。『川上』を勤めるほか、学術シンポジウムで講演を行う。大阪で「楢山節考を観る会」を催す。

平成三十（二〇一八）年　八十七歳

【狂言の向上、発展と八十年にわたる舞台実績】に対し中日文化賞受賞。

名古屋・大分で『楢山節考』再演。世田谷パブリックシアターで劇場版『楢山節考』を上演。

中国・北京の天橋劇場での日中友好条約締結四十周年記念狂言公演に出演。『川上』を勤める。

フランスのエスパス・ピエール・カルダンでのジャポニスム２０１８「野村万作・萬斎・裕基×杉本博司　三番叟ディバイン・ダンス」で『三番叟』『月見座頭』を勤める。

令和元（二〇一九）年　八十八歳

「万作を観る会」で『法螺侍』を九年ぶりに上演。能舞台での上演は初の試み。

大阪フェスティバル・ホールで劇場版『楢山節考』を上演。

六月二十二日「米寿記念狂言の会」を国立能楽堂で開催。裃による『三番叟 神楽式』を上演。

あとがき

八十八歳、米寿の節目に本を出そうと考えました。

平成二十六（二〇一四）年に、東京新聞の「この道」という欄で六十八回の連載があり、構成、聞き手は劔和彦さんでした。又、私どものファンクラブの小冊子「よいやよいや」でインタビュー（聞き手はお弟子の小田敦子、加藤聡、小宮正三さんら）を長い間受けてきました。

これらを中心にしてまとめれば一冊の本になろうと安易に考えたのですが、いざ、読み返してみると、文体も違い、重複も多く、そのうえ時が経っているので、今の自分の考えとの違いもあり、書き直しや書き足しを余儀なくさせられました。

狂言をこれから知ろう、私を知ろうと思ってくださる方に読んでいただくためには、初めての私の著者『太郎冠者を生きる』で書いた生い立ちや芸話の繰り返しも必要かと考えました。

舞台出演や弟子への稽古のあわただしい日々の中で六月二十二日の誕生日に催す、米寿記念狂言の会に間に合うようにと、この本の原稿、校正を進めております。

旧知の藤野昭雄さん（朝日出版社）にこの本の出版を相談したことに始まり、実際の進行については仁藤輝夫、佐藤佳子両氏に大変お世話になりました。

又、万作の会の事務局から小俣美登里さんに手伝ってもらいました。

多くの方のお力添えを感謝し、御礼を申し上げます。

令和元年五月

野村万作

野村万作（のむら まんさく）

一九三一年六月二十二日生まれ。東京都出身。狂言師。重要無形文化財各個指定保持者（人間国宝）。文化功労者。祖父・故初世野村萬斎及び父・故六世野村万蔵に師事。三歳で初舞台。早稲田大学文学部卒業。「万作の会」主宰。

軽妙洒脱かつ緻密な表現のなかに深い情感を湛える、品格ある芸は、国内外で高い評価を受ける。海外での狂言普及に貢献。ハワイ大学・ワシントン大学では客員教授を務める。

狂言の技法の粋が尽くされる秘曲『釣狐』に長年取り組み、その演技で芸術祭大賞を受賞。その他、観世寿夫記念法政大学能楽賞、松尾芸能賞、紀伊國屋演劇賞、日本芸術院賞、紫綬褒章、坪内逍遥大賞、朝日賞、長谷川伸賞、中日文化賞、旭日小綬章等、多数の賞を受ける。

二〇〇二年、早稲田大学芸術功労者、二〇〇八年、練馬名誉区民。『月に憑かれたピエロ』『子午線の祀り』『秋江』『法螺侍』『敦―山月記・名人伝―』等、狂言師として新たな試みにも取り組み、狂言隆盛の礎を築く。二〇一一年より練馬文化センター名誉館長。後進の指導にも尽力する。

参考文献

太郎冠者を生きる　野村万作　白水社　一九八四年
狂言ハンドブック　小林責 監修・油谷光雄 編　三省堂　一九九五年
人間国宝野村万作の世界　林和利　明治書院　二〇一〇年
狂言　三人三様　野村万作の巻　野村萬斎・土屋恵一郎 編　岩波書店　二〇〇三年
能楽大事典　小林責・西哲生・羽田昶　筑摩書房　二〇一二年
野村萬斎　What is 狂言? 改訂版　野村萬斎　監修・解説　網本尚子　檜書店　二〇一七年
能楽タイムズ　能楽書林

狂言を生きる

二〇一九年六月二十二日　初版第一刷発行

著者　野村万作

発行者　原　雅久

発行所　株式会社 朝日出版社
〒一〇一-〇〇六五　東京都千代田区西神田三-三-五
電話〇三-三二六三-三三二一
http://www.asahipress.com/

印刷・製本　大日本印刷株式会社

装幀　馬面俊之

ISBN978-4-255-01124-0